CB082179

Nascemos para Aprender

Nascemos para Aprender

Hélène Trocmé-Fabre

Tradução de Wanda Maria Maranhão Costa

TRIOM

Centro de Estudos Marina e Martin Harvey
Editorial e Comercial Ltda

1ª edição
São Paulo, 2006

Título original
Né pour Apprendre

2006 © Hélène Trocmé-Fabre

Publicado na França como uma série de 7 videogramas, uma co-produção da Université de La Rochelle e da Ecole Normal Supérieur Fontenay/St. Cloud, com o patrocínio da Préfecture de la Région Poitou-Charentes
1993-4-5 © IUT – CRIA – La Rochelle, ENS Fontenay/Saint-Cloud

Primeira produção em pequena escala no Brasil em 2005, sob a forma de DVD: Instituto de Estudos da Complexidade – IEC, com o patrocínio do Serviço de Cooperação e Ação Cultural do Consulado da França no Rio de Janeiro, Cooperação Linguística e Educativa

Direitos para a língua portuguesa no Brasil reservados a
TRIOM – Centro de Estudos Marina e Martin Harvey
Editorial e Comercial Ltda.
Rua Araçari, 218
01453-020 – São Paulo – SP – Brasil
Tel/fax: 11 3168-8380
editora@triom.com.br / www.triom.com.br

Realização do projeto original francês: Daniel Garabédian
Tradução: Wanda Maria Maranhão Costa
Revisão técnica: Edgard de Assis Carvalho
Revisão e adaptação para esta edição:
Ruth Cunha Cintra e Vitoria Mendonça de Barros
Foto da capa: Michel Random
Capa e diagramação: Casa de Tipos Bureau e Editora Ltda.
Tradução e legendas do DVD: Isabel Janot e Paulo Ottati, SVC Produções

Edição patrocinada por Vitoria Mendonça de Barros

Dados Internacionais de Catalogação na Publicação (CIP)
(Câmara Brasileira do Livro, SP, Brasil)

Trocmé-Fabre, Hélène
Nascemos para aprender / Hélène Trocmé-Fabre ;
tradução de Wanda Maria Maranhão Costa. --
São Paulo : TRIOM, 2006.

Título original: Né pour apprendre.
Inclui DVD. Bibiliografia.
ISBN 85-85464-65-8

1. Aprendizagem 2. Educação - Finalidades e objetivos
3. Interdisciplinaridade na educação I. Título
06-1153 CDD-370.1

Índice para catálogo sistemático:
1. Aprendizagem : Filosofia da educação 370.1

Sumário

Textos complementares a esta edição

Introdução à Edição Brasileira

Foi durante o II Congresso Mundial de Transdisciplinaridade, que se realizou de 6 a 11 de setembro de 2005 em Vila Velha, Vitória do Espírito Santo, que tivemos a oportunidade e a alegria de conhecer pessoalmente Hélène Trocmé-Fabre, autora, entre muitas outras obras, de *A Árvore do Saber-Aprender*, publicada em 2004 pela TRIOM Editora. Em *A Árvore do Saber-Aprender* Hélène se reporta muitas vezes ao conjunto de vídeos de sua autoria *Nascemos para Aprender*, e essas menções suscitaram o interesse da TRIOM Editora em publicá-lo.

Entramos em contato com o IEC – Instituto de Estudos da Complexidade – que já havia iniciado um projeto no sentido de publicar *Nascemos para Aprender*, e assumimos o compromisso de transformar o conjunto de 7 vídeos, e seus respectivos folhetos com explicações teóricas e metodológicas, neste conjunto de livro e DVD. Acreditamos que esta nova diagramação vai facilitar a compreensão e a execução dos exercícios propostos.

Nascemos para Aprender é verdadeiramente uma obra prima, imune ao passar do tempo, que introduz questões atuais e fundamentais, tanto para a educação em todos os níveis e formas, como para o desenvolvimento da Vida e sobrevivência dos Seres Vivos que habitam o nosso planeta.

Cada um dos 7 módulos traz entrevistas com renomados cientistas de áreas bastante importantes, como a Psiquiatria, Neurologia, Biologia, Física Quântica, Ciências da Cognição, Psicopedagogia, Neuroendocrinologia e Ciências da Educação, que se sobressaíram pela originalidade das suas idéias, pela seriedade com que trabalham ou trabalhavam essas mesmas idéias, pela forma como abordaram um assunto tão polêmico e controverso como o processo de aprendizagem.

Em todas as 7 entrevistas, Hélène Trocmé-Fabre coloca as mesmas 3 perguntas aos entrevistados sobre nossa inata capacidade humana de aprender:

1) Qual é nosso potencial humano?

2) O que fazemos desse potencial?

3) Quais são as condições ideais a se buscar e quais as ciladas a evitar, tendo em vista esse potencial?

Este material não é um material convencional pedagógico, mas um conjunto de dados, números, explicações e reflexões que a autora obteve junto a personalidades do mundo científico de ponta, que se apresentam como testemunhas dos avanços da pesquisa atual e que poderão nos provocar reflexões, questionamentos pessoais e profissionais que certamente nos trarão oportunidades de transformação.

Nascemos para Aprender não tem a intenção de esgotar o assunto da lógica da capacidade fundamental inata de aprender que todo ser humano tem, nem de dar respostas prontas, modelos a serem seguidos, mas de levar os interessados no processo de formação a formular suas próprias questões e fazer suas reflexões pessoais encontrando suas próprias respostas, mantendo sempre um espaço flexível para que as mudanças se apresentem.

A abertura permanente para o novo e para as novas concepções que surgiram depois das descobertas da Física Quântica, que nos mostraram a existência de mais de um nível de realidade, sendo que cada nível tem suas próprias leis, seu próprio espaço-tempo, sua própria lógica, transformou o nosso modo de ver o mundo, que acreditávamos ser como uma mera máquina, que trabalhava independente de nós ou das nossas ações. Essas descobertas relativizaram a lógica aristotélica, colocando-a no seu devido lugar: no nível de realidade macrofísica. Outras lógicas foram criadas ou descobertas no começo e meados do Século XX e esse fato trouxe uma abertura e uma liberdade imensa para o pensamento do homem, mostrando que muitos mundos coexistem e que cada um deles tem diferentes níveis de realidade e materialidade.

No Módulo 2, o físico Basarab Nicolescu nos mostra todos esses fenômenos e como essa nova concepção está se espalhando e transformando o nosso modo de ver o mundo. Ele chamou esse modo novo de ver e conceber o mundo de Transdisciplinaridade, e esta mostra uma relação estreita com a concepção dos outros cientistas que também foram entrevistados. Os 7 módulos, construídos pela autora com a cooperação dos seus entrevistados, nos levam a vislumbrar uma possibilidade real de consenso entre as diferentes teorias aí apresentadas.

Enumero, aqui, os 7 temas abordados em *Nascemos para Aprender*:

1. Nascemos para descobrir.

2. Nascemos para reconhecer as leis da Natureza, respeitar a lógica do vivente.
3. Nascemos para organizar, conectar, associar, selecionar e classificar.
4. Nascemos para criar sentido, ancorar.
5. Nascemos para escolher e, por conseguinte, nos engajarmos e decidir.
6. Nascemos para inovar e, portanto, criar, imaginar, diferenciar.
7. Nascemos para trocar, interagir, entrar em reciprocidade.

Todas estas 7 condições são inatas em nós, fazem parte da essência de todo ser humano. Por causas que nos escapam, no decorrer da nossa história pessoal e social, a escola, que paradoxalmente, seria o lugar apropriado para promovê-las, e a sociedade como um todo, se encarregam de desvalorizá-las, enfraquecê-las e mesmo reprimi-las. Esse processo contínuo de aniquilamento dessas condições acarreta uma distorção tal, que o que vemos hoje é a transformação dos seres humanos em andróginos, robôs que estão perdendo sua humanidade, sua essência, seu potencial criativo, inovador.

O Homem desrespeita as leis da Natureza porque não as conhece ou não as reconhece como valiosas e importantes para manter a Vida. A nossa capacidade de escolher, decidir e nos engajarmos se enfraquece dia a dia; nossa imaginação, cada vez mais condicionada, nos impede de inovar e criar outras possibilidades que não as já conhecidas e louvadas. Não temos mais a capacidade de trocar e interagir com as outras pessoas, o que está nos levando a um individualismo mascarado de autonomia, onde cada um faz o que quer e o que considera bom exclusivamente para si mesmo. Perdemos nossa capacidade de autocrítica e estamos perdendo também, pouco a pouco, nossa humanidade.

Diante de tudo isso, a responsabilidade de cada um de nós é imensa. Hoje sabemos que qualquer ação de uma pessoa, até a mais insignificante e vinda do lugar mais remoto da Terra, influencia as condições de saúde ou "doença" do nosso planeta. Ele poderá se tornar um lugar agradável e saudável para se viver se, e somente se, despertarmos nossa capacidade de entrar em relação uns com os outros, num processo de inclusão cultural, religiosa e racial, menos autônoma e mais ontonômica, respeitando a Terra, pois ela não nos pertence, mas somos nós que lhe pertencemos.

Nossa capacidade inata de aprender está estreitamente ligada à nossa capacidade de descobrir, organizar, criar sentido, escolher, inovar, interagir, entrar em reciprocidade, garantindo a integração e a participação de todos e, finalmente, é conhecendo e reconhecendo as leis do Ser Vivo e o "contexto no qual a vida surgiu, em particular a complexidade, a heterogeneidade, a evolução, os ritmos" que poderemos contribuir para a construção de um mundo melhor e mais digno. "Nós somos, por essência, os autores da alternância entre o nosso potencial e sua atualização (ou concretização), processo contínuo que vivemos durante toda nossa vida." (Basarab Nicolescu)

Nascemos para Aprender nos aponta caminhos possíveis de saída para ativar nossas condições potenciais inatas, mostrando diferentes visões e experiências, principalmente nos campos das Ciências da Cognição, Neuropsiquiatria e Psicopedagogia, caminhos estes que, além de inovadores, são valiosos instrumentos de trabalho que poderão ser utilizados nos processos de aprendizagem em geral e especialmente na formação de formadores.

Em uma de nossas inúmeras conversas durante o Congresso, Hélène Trocmé-Fabre, com sua generosidade sem limites, ofereceu à TRIOM Editora sua mais recente obra – *Le Language du Vivant* – para ser publicada no Brasil em edição bilingue português/francês. Aguardem!

Vitoria Mendonça de Barros
São Paulo, janeiro de 2006

Um um longo caminho percorrido

Após uma longa gestação, o lançamento de *Nascemos para Aprender* é, para o IEC (Instituto de Estudos da Complexidade), momento a ser celebrado com as alegrias que acolhem uma vida. Marco que vem reforçar a identidade do IEC e coroar os esforços que resultaram nesta adaptação e publicação, pela TRIOM Editora, da obra intitulada *Né pour Apprendre*, de Hélène Trocmé-Fabre, inicialmente uma série de 7 vídeos.

Para mim, uma história que se confunde com a minha própria trajetória de professora e tradutora. Uma reverberação, ao primeiro contato com o material apresentado por seu realizador Daniel Garabédian, por ocasião de um colóquio de Professores de Francês do Cone Sul em Porto Alegre, em 1997. A complexidade do ato de aprender dava fundamento à minha prática pedagógica e um novo sentido às relações que a sala de aula me permitia viver com o mundo, com o outro e comigo mesma.

A partir daí, uma obstinação e um longo caminho percorrido, para realizar o desejo de compartilhar com colegas, formadores e parceiros da situação educativa o conteúdo precioso do documento.

O estreitamento do contato com a autora e a receptividade às Comunicações que apresentei sobre o tema, em congressos internacionais e nacionais, assim como em Seminários de Formação, permitiram um amadurecimento e uma vivência que confirmaram o valor e a pertinência do Projeto.

Ao longo dos anos, encontros, sincronias, vínculos se teceram e continuam sem dúvida a se anelar, mostrando que "é preciso fazer com" o contexto, com os outros e com a nossa própria história.

A concretização do projeto só foi possível graças à adesão do IEC, que o acolheu como uma proposta em total sintonia com o Pensamento Complexo.

Foi fundamental o apoio do Serviço de Cooperação e de Ação Cultural do Consulado da França no Rio de Janeiro através do Adido de Cooperação Cultural e do Adido de Cooperação Linguística, que desde o início acreditaram nos méritos do Projeto.

Finalmente, o encontro com a TRIOM Editora, responsável pela adaptação e publicação desta obra, inscreveu-a na espiral em que religar é a palavra-chave capaz de promover um processo contínuo de emergência iluminando a problemática educacional.

Que *Nascemos para Aprender* cumpra sua função, constituindo uma via dinâmica de auto-formação para todos aqueles que estão envolvidos com a educação.

Wanda Maria Maranhão Costa
Rio de Janeiro, dezembro de 2005

Prefácio à Edição Brasileira

Como todos os livros, este também tem uma história. A história de um Reencontro. Nós não (nos) encontramos se não (nos) procuramos. Os seres humanos se encontram – verdadeiramente – se eles se questionam – verdadeiramente.

A história de *Nascemos para Aprender* começa por uma pergunta, uma importante pergunta: ***o que acontece*** *quando eu penso, quando eu reflito, quando eu vejo, quando eu escuto, quando eu falo, quando eu me recordo e, sobretudo,* ***quando eu aprendo?***

Durante séculos os seres humanos tentaram responder a estas questões, ao mesmo tempo simples e muito complexas. Às vezes as respostas se contradizem, às vezes se completam, às vezes são falhas ou incompletas. Hoje, as pesquisas permitem compreender melhor o que acontece quando o organismo do ser vivo se encontra com seu entorno: eles se influenciam mutuamente. Agindo e modificando o conjunto de condições naturais no seu contexto imediato, o organismo do ser vivo também se modifica.

Esta é, portanto, a razão de ser dos 7 módulos que constituem *Nascemos para Aprender*. Melhor compreender nosso lugar e nos lembrarmos de nosso papel num meio que muda sem parar. Os 7 módulos que compõem este conjunto de livro e DVD (originalmente 7 vídeos cassete) foram realizados a partir de entrevistas que personalidades científicas de destaque me concederam e que eu escolhi por serem elas testemunhas dos avanços da pesquisa nos campos das neurociências, da biologia, das ciências cognitivas, da física quântica e das ciências da Natureza.

A partir do que os entrevistados nos reportam sobre as leis que o ser vivo obedece e sobre suas exigências para se manter em equilíbrio, um processo se desenhou pouco a pouco, no que tange a coerência e o respeito das *etapas* a serem abordadas, uma após a outra, se quisermos *acompanhar* aquilo que se constrói, até que o ser vivo se torna *autônomo*. É exatamente este o papel da educação, não é mesmo?

Os 7 módulos de *Nascemos para Aprender* correspondem às 7 etapas do saber-aprender que são desenvolvidas e detalhadas na minha pequena obra *A Árvore do Saber-Aprender*, publicada pela TRIOM Editora em 2004.

Hélène Tromé-Fabre
La Rochelle, novembro de 2005

Proposta de Trabalho

O que é *Nascemos para Aprender*?

Este conjunto de livro e DVD é um instrumento de trabalho que compreende a filmagem de 7 entrevistas, de 25 a 30 minutos cada, com profissionais de ponta de diferentes áreas, e um roteiro metodológico explicativo. Recomenda se seguir a ordem dos 7 módulos, pois esta sequência corresponde à evolução e ao desenvolvimento da nossa relação com o meio-ambiente.

A que público se destina?

Aos responsáveis e profissionais que trabalham na formação de formadores do sistema educacional, dos organismos de formação, das empresas: educadores, professores, pais, trabalhadores sociais; adultos em formação, estudantes; associações, empresas e parceiros da formação, e a qualquer pessoa interessada em compreender a lógica e as diferentes etapas do ato de aprender.

Especificidade de *Nascemos para Aprender*

Não se trata de documentário ou de reportagem, nem de documento didático no sentido tradicional. Cada módulo (ou sequência) de *Nascemos para Aprender* foi planejado para colocar à disposição dos usuários um material de base concebido a partir da dimensão fundamental da nossa realidade humana: dados essenciais, números, explicações, reflexões, imagens, palavras-chave, bibliografia.

Cada módulo foi construído a partir da mediação de uma personalidade do mundo científico, testemunha dos progressos da pesquisa em neurobiologia, etologia, genética, ciências cognitivas, física quântica, psicopedagogia, ciências da educação. Ao transmitir informações científicas recentes relativas às raízes biológicas da aprendizagem e às condições ótimas de funcionamento do nosso cérebro, esses pesquisadores permitem que nos re-interroguemos sobre os conceitos que fundamentam o ato educativo.

Como utilizar *Nascemos para Aprender*?

O tema de cada módulo é intencionalmente estruturado em toda sua densidade e complexidade.

As atividades propostas cobrem um volume mínimo de 8 a 12 horas de trabalho coletivo, necessárias para que seja desenvolvido o tema de cada módulo, com a presença de um mediador. Certas atividades de aprofundamento poderão ser retomadas posteriormente, em caráter individual. A metodologia proposta foi concebida numa tríplice perspectiva:

1. estimular, fazer emergir, acompanhar, "re-fundamentar" o questionamento sobre nossos saberes, nossas práticas, nossas referências, nossos valores;
2. explorar e fazer explorar um campo que é pouco

conhecido, negligenciado, até mesmo esquecido: o de nossas potencialidades e nossas capacidades de aprender;

3. facilitar a construção (a passagem ao ato) de práticas educativas e comunicativas coerentes com os recursos de nosso cérebro, como hoje nos são apresentados.

O objetivo é que o público construa suas próprias respostas e chegue a reformular suas próprias questões, ao invés de buscar respostas prontas num manual que propõe um caminho já traçado.

Quais seriam os resultados alcançados com um trabalho realizado a partir de *Nascemos para Aprender?*

- Uma tomada de consciência por parte dos diferentes parceiros da situação de aprendizagem de nossos recursos cognitivos e de nossas exigências de significação.
- Uma clarificação dos conceitos fundamentais que constituem a base do ato de aprender: aprendizagem, memória, percepção, abstração, decisão, imaginação, compreensão, expressão.
- Uma ajuda à estruturação do saber-aprender por meio de 7 etapas que abrem o caminho da autonomia daquele que aprende.

(construir em espiral)

Qual a progressão proposta?

A da lógica do ser vivo, da evolução e da exigência de um sistema vivo que se auto-estrutura. Pesquisas recentes em biologia e em neurociências permitem discernir o ato de aprender como uma exigência existencial, uma função da evolução e do desenvolvimento.

São sete as etapas do saber-aprender. É importante respeitar sua ordem, que segue a lógica apresentada em *A Árvore do Saber-Aprender*[1]:

1. descobrir nosso potencial sensorial, contextualizar
2. reconhecer as leis da Natureza e, em particular, a complexidade, respeitar a lógica do vivente
3. organizar, conectar, associar, selecionar, classificar
4. auto-estruturar-se, construir-se, criar sentido, ancorar
5. escolher e, por conseguinte, engajar-se, decidir
6. inovar e, por conseguinte, criar, imaginar, diferenciar
7. trocar, interagir, entrar em reciprocidade

Os 7 módulos propostos em *Nascemos para Aprender* seguem esta ordem.

Conselhos para a utilização deste instrumento de trabalho

Sugere-se adotar uma prática em três tempos, comum aos 7 módulos, para familiarizar o público com a abor-

[1] A *Árvore do Saber-Aprender*, de Hélène Trocmé-Fabre, TRIOM Editora, São Paulo, 2004.

dagem metodológica e crítica de um instrumento de trabalho audio-visual (pausas sobre a imagem, busca de passagens significativas, anotações, retorno a um ponto anterior etc).

Cada sequência será tratada em sua especificidade, a partir de atividades que sugerem um aprofundamento e uma aplicação ao domínio profissional.

O ritmo ternário («T menos 1», «T», «T mais 1») permite: estruturar um trabalho de auto-posicionamento, individual e em sub-grupos; estabelecer referências; ajudar a memorização; fornecer a trama de uma reflexão e de uma troca em grupo; favorecer uma mudança conceitual.

Com referência ao Espaço Lexical de cada módulo, é preciso lembrar que o trabalho em 2 tempos sobre a linguagem (antes e depois do vídeo) tem uma função importante na memorização dos elementos do vídeo. Ele ativa os meios de expressão, *"les mots pour le dire"* (as palavras para dizer) que recebem, assim, um duplo suporte, o do questionamento (que relação tenho com essa palavra?) e o da evocação (imagem + voz).

Módulo 1

Nascemos para Descobrir

entrevista com
Boris Cyrulnik

O homem me parece uma nuance cósmica.
Existe algo profundamente musical no fenômeno humano. O homem é o elo que falta no universo: é ele quem estabelece as pontes entre os diferentes níveis de Realidade. O imaginário é uma prega do real e o real, uma prega do imaginário.
De prega em prega, o homem poético foi inventado.
Mas é nosso sonho que nos faz esquecer nossa origem poética.

Basarab Nicolescu em
O Homem do Futuro – um Ser em Construção

1

Nascemos para Descobrir

Objetivos do Módulo 1

Conduzir-nos à tomada de consciência da extensão do potencial sensorial de que dispomos para entrar em interação com o mundo exterior.

Estabelecer um espaço e um tempo de questionamento individual e coletivo. Estabelecer as bases para uma troca.

Avaliar nossas próprias representações, conhecimentos, necessidades de informação e de significação.

Esboçar uma mudança de perspectiva e uma ampliação do nosso quadro conceitual relativo à área abordada na sequência, em particular, à percepção.

Especificidade e função do Módulo 1

Este primeiro módulo ressalta a importância de descobrirmos os recursos de nossa visão, de nossa audição, de nosso corpo, para nos enraizarmos num "aqui e agora" que nos diz respeito diretamente.

Com maior frequência, as dificuldades daqueles que aprendem decorrem do fato de não terem contextualizado, isto é, de não terem estabelecido o "quem", o "quê", o "onde", o "quando" da tarefa a cumprir ou da situação na qual se encontram. Uma contextualização pobre, reduzida, produz uma linguagem nivelada, desprovida de significação para o interlocutor e para o próprio locutor. Aprender a contextualizar é a primeira etapa do saber-aprender.

O papel do formador implicará a ênfase na importância de se criar atividades referentes a parâmetros visuais, auditivos, cinestésicos; o formador zelará para que se favoreça muito particularmente o desenvolvimento e a troca dos diferentes pontos de vista na aceitação da diferença; o formador evocará o princípio de "certeza relativa" de que fala Boris Cyrulnik ao finalizar a sua participação neste módulo.

1º Tempo

Atividades antes de assistir o vídeo

(«T menos 1» – Duração: no mínimo 1:30 hora)

Trata-se aqui de fazer uma análise da situação em 5 etapas.

1ª etapa: inventário dos conhecimentos (individualmente). Cada um recenseia seus conhecimentos (números, fatos, experiências etc) relativos aos cinco sentidos. Essas notas pessoais serão datadas para permitir que os participantes possam mais tarde detectar sua trajetória e suas descobertas.

2ª etapa: inventário dos hábitos (em duplas A + B). Como se efetiva a gestão de nossas capacidades sensoriais (visão, audição, olfato, paladar, tato)? A explica a B (que anota o que diz A) seus hábitos, suas preferências (que sentido utiliza para ...), suas representações e o que poderia melhorar a utilização de seus cinco sentidos, como desenvolver aqueles que são raramente solicitados (como fazê-lo?); B dá as suas anotações a A e, em seguida, é a vez de B explicar e de A tomar notas etc.

3ª etapa: inventário do questionamento (em subgrupos de 4)

– Cada participante anota o seu questionamento a respeito da capacidade sensorial ("eu me pergunto se ...").

– O subgrupo chega a um consenso sobre (no máximo) três aspectos do questionamento que continuam sem resposta para o subgrupo.

4ª etapa: análise das etapas 2 e 3 com a participação de todo o grupo. A troca permite que os participantes se abram a outros pontos de vista e aceitem as diferenças. O questionamento permanece em aberto: é muito mais importante fazer emergir um questionamento e uma busca de solução do que trazer respostas fechadas ou receitas prontas. Para dar conta de tudo o que é dito, recomenda-se utilizar a técnica do esquema heurístico, que tem o mérito de exibir a coleta de dados, a análise e a síntese (cf. T. Buzan: *Une tête bien faite* e *Dessine-moi l'intelligence,* ver Apêndice 3, p. 153).

5ª etapa: Distribuir para cada membro do grupo uma cópia do Espaço Lexical; identificar as palavras desconhecidas (d) ou de significado vago (v). Por enquanto, permanecer nesse estágio de questionamento e identificação.

2º Tempo

Assistir o vídeo

(«T» – Duração: 25 minutos)

Tendo em mente o questionamento do grupo, assistir a sequência filmada (V1).

Propor uma pausa e anunciar o trabalho a ser feito após o intervalo.

PAUSA

3º Tempo

Atividades de aprofundamento e reflexão

(«T mais 1»)

Estas atividades exigem várias leituras do "módulo filmado". De fato, a cada nova leitura (seletiva) os participantes poderão exercitar-se na descoberta de uma outra relação com o "módulo a ser lido".

Os participantes vivem (e poderão, portanto, fazer viver) a lenta realização do processo de compreensão, graças às leituras sucessivas e interpretativas, cada uma delas enriquecendo a precedente e o conjunto constituindo um todo único para cada um. Desde o primeiro módulo, é essencial ressaltar até que ponto a leitura é um ato individual e criador.

1ª Atividade: (individual) de início, identificar, de memória, as principais questões que foram levantadas no vídeo (quer tenham aparecido na tela ou tenham sido formuladas pela voz em *off*). Fazer uma lista dessas perguntas. Depois de rever a sequência (V2), verificar que perguntas ficaram veladas, pouco nítidas na memória. Por quê?

2ª Atividade: de memória, fazer a lista do que cada um considerou como "dados novos" (DN). Passar novamente a sequência de vídeo (V3), verificar se a lista está completa e compará-la com a de um outro membro do grupo.

3ª Atividade: fazer a lista das "frases-chave" (FC) que cada um gostaria de compartilhar com outra pessoa (determinando o público); depois de rever a sequência (V4), verificar se todas as frases que pareceram importantes foram anotadas e indagar se outras não precisariam ser acrescentadas.

Esta atividade abre o horizonte para uma eventual aplicação. Evitar qualquer extrapolação apressada ou aplicação precipitada.

4ª Atividade: fazer a lista dos elementos (E) que podem provocar uma mudança de abordagem e de ponto de vista (Mpv). Depois rever o vídeo (V5), tendo presente no espírito este interesse (Mpv) (pensar num público específico: jovens, pessoas idosas, desempregados, candidatos a um emprego etc).

5ª Atividade: trabalho sobre a linguagem. Verificar se os termos do Espaço Lexical (cópias distribuídas aos participantes) foram compreendidos e podem ser re-situados no seu contexto. Rever o vídeo (V6) e discernir o sentido que o pesquisador lhes atribui. Este exercício consolida a memorização.

6ª Atividade: neste estágio, um novo trabalho de auto-posicionamento e de auto-questionamento faz-se necessário, podendo ser proposto distinta e individualmente, e devendo referir-se ao documento como um todo, às áreas abordadas e ao aprofundamento dos conceitos abordados.

A. *As áreas*: rever o vídeo (V7) para discernir as diferentes áreas abordadas e escolher aquela que parecer particularmente importante no nosso contexto atual.

B. *Os conceitos*:

a) escolher 3 conceitos considerados importantes (individualmente): "que sentido eu lhes atribuo?";

b) intercâmbio (em grupo de três, A, B e C, 30 minutos): alternadamente, cada um se manifesta: A toma a palavra e ilustra com exemplos; B e C tomam nota do que diz A e lhe passam as anotações; em seguida, B se exprime e A e C tomam nota e assim por diante;

c) em plenário: o que extrair desse debate sobre o sentido das palavras? Fazer uma lista das descobertas (mudança ou confirmação de pontos de vista) e das questões ("eu me pergunto se ...").

7ª Atividade: tomar uma decisão em relação à sua própria prática profissional referente ao tema do módulo.

a) Em que situação? Com que público? Com que objetivo? Onde? Quando?

b) De que meios disponho para pôr em prática essa decisão?

c) Que indícios me farão reconhecer que atingi meu objetivo?

8ª Atividade: comentar a bibliografia. Recensear os títulos conhecidos. Organizar trocas, empréstimos de livros, resumos de leituras.

Espaço Lexical do Módulo 1

(Principais conceitos abordados.
Alguns estão inscritos na tela, outros são ditos pelos entrevistados.
O mediador pode, se considerar útil, introduzir outros conceitos.
Os participantes podem, após a atividade, propor, eles também, outras palavras e noções que lhes parecer importante destacar no vídeo. Pode-se, assim, propor palavras concretas, depois verbos, em seguida adjetivos, ou, com um grupo treinado, propor unicamente palavras abstratas.)

ato de criação – antecipar
cartografia – cérebro límbico – compreender
contexto – imposições – cultura
descentrar-se – estimular – estratégia da informação
descontextualizar – dar sentido
EEG – emoções – entrevista – espaço-tempo – evidências
estresse
familiarização – filtro sensorial – forma global
hábito
idade avançada
inato / adquirido
leituras
memória – mundo sensorial
observar – olfação – órgãos sensoriais – organização
pensamento formal – percepção não-modal – performances
reduzir – encontro – representação – sonho
técnicas – ciladas – potencial – pré-frontal
temporalmente
universos mentais
vibração sonora – vida quotidiana – abóbada celeste

Leituras para Aprofundamento

BUZAN, T. *Une tête bien faite (Uma cabeça bem feita).* D'Organisation, 1993.

______. *Dessine-moi l'intelligence (Desenha-me a inteligência).* D'Organisation, 1995.

BRUNER, J. *... car la culture donne forme à l'esprit (... pois a cultura dá forma ao espírito).* EsHel, 1991.

CHOPRA, D. *La vie sans conditions (A vida sem condições).* trad., InterEditions, 1992.

CHAUCHARD, P. *Le savoir-vivre humain (O saber-viver humano).* Du Levain, 1989.

CYRULNIK, B. *Le visage (O rosto).* EsHel, 1988.

______. *Sous le signe du lien (Sob o signo do vínculo).* Hachette, 1989.

______. *La naissance du sens (O nascimento do sentido).* Hachette, 1991.

______. *Les nourritures affectives (Os alimentos afetivos).* O. Jacob, 1993.

ETEVENON, P. *Du rêve à l'éveil (Do sonho ao despertar).* Albin Michel, 1987.

GARDNER, H. *Les intelligences multiples (As inteligências múltiplas).* Retz, 1996.

GUILLET, P. *L'Aventure de l'Age (A aventura da idade).* Hatier, 1990.

MacLEAN, P. & GUYOT, R. *Les trois cerveaux de l'Homme (Os três cérebros do Homem).* Laffont, 1990.

NINIO, J. *L'empreinte des sens (As marcas deixadas pelos sentidos).* O. Jacob, 1989.

SACKS, O. *Des yeux pour entendre (Olhos para ouvir).* O. Jacob, 1990.

SERRES, S. *Les cinq sens (Os cinco sentidos).* Grasset, 1985.

SINGER, C. *Les âges de la vie (As idades da vida).* Albin Michel, 1984.

TROCMÉ-FABRE, H. *J'apprends, donc je suis (Aprendo, logo existo).* 1987. D'Organisation, Poche, 1994.

______. *L'arbre du savoir-apprendre.* Ed. Etre et Connaître, 1996. (*A Árvore do Saber-Aprender.* TRIOM, São Paulo, 2004)

______. *Apprendre aujourd'hui (Aprender, hoje).* Cheminements Ed., 1994.

MÓDULO 2

Nascemos para Reconhecer as Leis da Vida

entrevista com

Basarab Nicolescu

O homem me parece uma nuance cósmica. Existe algo profundamente musical no fenômeno humano. O homem é o elo que falta no universo: é ele quem estabelece as pontes entre os diferentes níveis de Realidade.
O imaginário é uma prega do real e o real, uma prega do imaginário.
De prega em prega, o homem poético foi inventado. Mas é nosso sonho que nos faz esquecer nossa origem poética.

Basarab Nicolescu em
O Homem do Futuro – um Ser em Construção

2

Nascemos para Reconhecer as Leis da Vida

Objetivo do Módulo 2

Fazer com que tomemos consciência da importância de se reconhecer as características do contexto no qual vivemos. Essa Natureza – da qual participamos – nós a descobrimos através da nossa realidade humana: complexa, diversa, inesperada. A vida é ritmo, mudança, evolução... O Módulo 2 propõe que se estabeleça um espaço e um tempo de questionamento individual e coletivo, destinado a estabelecer as bases de uma troca a propósito de algumas questões cruciais, raramente abordadas na formação, por serem consideradas um campo reservado a especialistas. Trata-se da vida!

Como para o Módulo 1, se quisermos enriquecer nosso próprio saber, é preciso começar a avaliar nossas representações, nossos conhecimentos, nossas necessidades de informação e de significação, face à Realidade tal como é percebida hoje pela Ciência.

O trabalho proposto pelo Módulo 2 permitirá esboçar uma mudança de perspectiva e um alargamento do nosso quadro conceitual nos diferentes campos abordados na sequência.

Especificidade e função do Módulo 2

Esta segunda sequência corresponde à segunda etapa do saber-aprender e coloca a questão crucial da nossa aceitação da complexidade e da heterogeneidade. É por não reconhecermos a lei fundamental da alternância entre potencial e atualização, que nos fechamos, com frequência (na esfera educacional, social, econômica etc), no binômio excludente e infernal "sucesso-fracasso". Os erros cometidos são fruto da ignorância ou da recusa em discernir os diferentes níveis da realidade; da obstinação em confundir as escalas diferentes: do microcosmo e do macrocosmo. Ou ainda, confundir os níveis dos acontecimentos, dos nossos sentidos, das nossas emoções e da nossa linguagem (cf., no vídeo, o esquema de A. Korzybski).

O mediador deverá estimular especialmente a reflexão sobre esses diversos pontos.

1º Tempo

Atividades antes de assistir o vídeo

(«T menos 1» – Duração: no mínimo 1:30 hora)

Trata-se aqui de fazer uma análise da situação em 5 etapas.

1ª etapa: inventário dos conhecimentos (individualmente). Cada um recenseia seus conhecimentos (números, fatos, experiências...) relativos aos cinco sentidos. Essas notas pessoais serão datadas para permitir que os participantes possam mais tarde detectar sua trajetória e suas descobertas.

2ª etapa: inventário dos hábitos (em duplas A + B) Como se efetiva a gestão de nossas capacidades sensoriais (visão, audição, tato, olfato, paladar)? A explica a B (que anota o que diz A) seus hábitos, suas preferências (que sentido utiliza para ...), suas representações e o que poderia melhorar a utilização de seus cinco sentidos, como desenvolver aqueles que são raramente solicitados (como fazê-lo?); B dá as suas anotações a A e, em seguida, é a vez de B explicar e de A tomar notas etc.

3ª etapa: inventário do questionamento (em subgrupos de 4)

– Cada participante anota o seu questionamento a respeito da capacidade sensorial ("eu me pergunto se ...").
– O subgrupo chega a um consenso sobre (no máximo) 3 aspectos do questionamento que continuam sem resposta para o subgrupo.

4ª etapa: análise das etapas 2 e 3 com a participação de todo o grupo. A troca permite que os participantes se abram a outros pontos de vista e aceitem as diferenças. O questionamento permanece em aberto: é muito mais importante fazer emergir um questionamento e uma busca de solução do que trazer respostas fechadas ou receitas prontas. Para dar conta de tudo o que é dito, recomenda-se utilizar a técnica do esquema heurístico, que tem o mérito de exibir a coleta de dados, a análise e a síntese (cf. T. Buzan, *Une tête bien faite* e *Dessine-moi l'intelligence*, Ver Apêndice 3, p. 153).

5ª etapa: Distribuir para cada membro do grupo uma cópia do Espaço Lexical; identificar as palavras desconhecidas (d) ou de significado vago (v). Por enquanto, permanecer nesse estágio de questionamento e identificação.

2º Tempo

Assistir o vídeo

(«T» – Duração: 25 minutos)

Tendo em mente o questionamento do grupo, assistir a sequência filmada (V1).

(Propor uma pausa e anunciar o trabalho a ser feito após o intervalo.)

PAUSA

3º Tempo

Atividades de aprofundamento e reflexão

(«T mais 1»)

Estas atividades exigem várias leituras do módulo filmado. De fato, a cada nova leitura (seletiva), os participantes poderão exercitar-se na descoberta de uma outra relação com o módulo a ser lido.

Os participantes vivem (e poderão, portanto, fazer viver) a lenta realização do processo de compreensão, graças às leituras sucessivas e interpretativas, cada uma delas enriquecendo a precedente e o conjunto constituindo um todo único para cada um. Desde o primeiro módulo, é essencial ressaltar até que ponto a leitura é um ato individual e criador.

1ª atividade: (individual) de início, identificar, de memória, as principais questões que foram levantadas no vídeo (quer tenham aparecido na tela ou tenham sido formuladas pela voz em *off*). Fazer uma lista dessas perguntas. Depois de rever a sequência (V2), verificar que perguntas ficaram veladas, pouco nítidas na memória. Por quê?

2ª atividade: de memória, fazer a lista do que cada um considerou como dados novos (DN). "O que descobri que não sabia?" Verificar se a lista está completa e compará-la com a de um outro membro do grupo. Passar novamente a sequência de vídeo (V3) e verificar se eventualmente se poderia explicar a alguém os fatos, os dados numéricos, os fenômenos contidos no vídeo.

3ª atividade: fazer a lista das frases-chave (FC) que cada um gostaria de compartilhar com outra pessoa (determinando o público); depois de rever a sequência (V4), verificar se todas as frases que pareceram importantes foram anotadas e indagar se outras não precisariam ser acrescentadas.Esta atividade abre o horizonte para uma eventual aplicação. Evitar qualquer extrapolação apressada ou aplicação precipitada.

4ª atividade: fazer a lista dos elementos (E) que podem provocar uma mudança de abordagem e de ponto de vista (Mpv). Depois rever o vídeo (V5), tendo presente no espírito este interesse (Mpv) (pensar num público específico: jovens, pessoas idosas, desempregados, candidatos a um emprego...).

5ª atividade: trabalho sobre a linguagem. Verificar se os termos do Espaço Lexical (cópias distribuídas aos participantes) foram compreendidos e podem ser re-situados no seu contexto. Rever o vídeo (V6) e discernir o sentido que o pesquisador lhes atribui. Este exercício consolida a memorização.

6ª atividade: neste estágio, um novo trabalho de auto-posicionamento e de auto-questionamento faz-se necessário, podendo ser proposto distinta e individualmente e devendo referir-se ao documento como um todo, às áreas abordadas e ao aprofundamento dos conceitos abordados.

A. *As áreas*: rever o vídeo (V7) para discernir as diferentes áreas abordadas e escolher aquela que parecer particularmente importante no nosso contexto atual.

B. *Os conceitos*:

a) escolher 3 conceitos considerados importantes (individualmente): “que sentido eu lhes atribuo?”;

b) intercâmbio (em grupo de três, A, B e C, 30 minutos): alternadamente, cada um se manifesta: A toma a palavra e ilustra com exemplos; B e C tomam nota do que diz A e lhe passam as anotações; em seguida, B se exprime e A e C tomam nota etc;

c) em plenário: o que extrair desse debate sobre o sentido das palavras? Fazer uma lista das descobertas (mudança ou confirmação de pontos de vista) e das questões (“eu me pergunto se ...”).

7ª atividade: tomar uma decisão em relação à sua própria prática profissional referente ao tema do módulo.

a) Em que situação? Com que público? Com que objetivo? Onde? Quando?

b) De que meios disponho para pôr em prática essa decisão?

c) Que indícios me farão reconhecer que atingi meu objetivo?

8ª atividade: comentar a bibliografia. Recensear os títulos conhecidos, as obras lidas por cada um. Organizar trocas, empréstimos de livros, resumos de leituras.

Espaço Lexical do Módulo 2

(Principais conceitos abordados. Alguns estão inscritos na tela, outros são ditos pelos entrevistados. O mediador pode, se considerar útil, introduzir outros conceitos. Os participantes podem, após a atividade, propor, eles também, outras palavras e noções que lhes parecer importante destacar no vídeo. Pode-se, assim, propor palavras concretas, depois verbos, em seguida adjetivos, ou com um grupo treinado, propor unicamente palavras abstratas.)

adolescente
boomerang
complexidade – cooperar – corpúsculo – correlação
descontinuidade
Homem
infinitamente pequeno – infinitamente grande
lógica binária – luz
maravilhamento – criança – equilíbrio – evolução – estrelas
matéria – antimatéria – mundo quântico
natureza-máquina – níveis de realidade – não-separabilidade
nova escala
pássaro – ondas
preto/branco
quinze bilhões de anos
século XX
simetria – fonte de maravilhamento
terceiro incluído – tolerância – totalitarismo – transdisciplinaridade
Universo

Leituras para Aprofundamento

BRIGGS, J. & PEAT, F. D. *Un miroir turbulent (Um espelho turbulento).* InterEditions, 1991.

CAZENAVE, M. & NICOLESCU, B. (ed). *L'Homme, la science et la nature (O homem, a ciência e a natureza).* Le Mail, 1994.

CASSE, M. *Du vide et de la création (Vazio e criação).* O. Jacob, 1993.

Colloque International, Venise, 1986. *La science face aux confins de la connaissance (A ciência face aos confins do conhecimento).* Du Félin, 1987.

d' ESPAGNAT, B. *À la recherche du réel (Em busca do real).* Gauthier-Villars, 1991.

LAZLO, E. *Aux racines de l'univers (Nas raízes do universo).* Fayard, 1992.

MAITE, B. *La lumière (A luz).* Seuil, 1981.

NICOLESCU, B. *Nous, la particule et le monde (Nós, a partícula e o mundo).* Le Mail, 1985.

______. *La science, le sens et l'évolution (A ciência, o sentido e a evolução).* Ed. du Félin, 1988.

______. *La Transdisciplinarité, Manifeste.* Le Rocher, 1996. (*O Manifesto da Transdisciplinaridade*, TRIOM, 2005, São Paulo, 3ª ed)

ONIMUS, J. *Essai sur l'émerveillement (Ensaio sobre o maravilhamento).* PUF, 1990.

REEVES, H. *Patience dans l'azur (Paciência no azul).* Seuil, 1981.

. *L'heure de s'énivrer (A hora de se embriagar).* Seuil, 1986.

SALOMON, J. *J., REEVES, H., TENGERS, I., PASSET, R. Du cosmos à l'homme (Do cosmo ao homem).* L'Harmattan, 1991.

SAUCET, M. *La sémantique genérale aujourd'hui (A semântica geral hoje).* Courrier du Livre, 1988.

SERRES, M. *Le tiers instruit (O terceiro instruído).* F. Bourin, 1991.

STAUNE, J. & ROMAN, E. vários autores. *L'Homme face à la science (O homem face à ciência).* Criterion, 1992.

Módulo 3

Nascemos para Organizar

entrevista com

Francisco Varela

O verdadeiro conhecimento repousa sempre sobre a analogia. A inteligência da natureza e do mundo cósmico exprime uma ordenação. Esta ordenação é sensível e coerente, do reino mineral ao humano, do macrocosmo ao microcosmo. Esta coerência exprime uma espécie de essência comum a todas as coisas. A diversidade dos mundos não deve esconder a unidade das essências. (...) Eu não posso conhecer o que não é análogo a mim mesmo.

Michel Random em
La Tradition et le Vivant

3

Nascemos para Organizar

Objetivo do Módulo 3

Levar-nos a tomar consciência da importância de:

– nos interrogarmos sobre as raízes biológicas do conhecimento e, especialmente, sobre nossos mecanismos cognitivos (percepção, memórias, visão, imaginação etc). Se esse procedimento se faz tardiamente é, sem dúvida, porque o instrumento dessa análise é o nosso cérebro. Um continente novo a ser explorado.

– reformular nosso questionamento e construir nossas próprias respostas colocando-nos à escuta das recentes pesquisas sobre o cérebro.

Especificidade e função do Módulo 3

Esta sequência – o saber-organizar – corresponde à terceira etapa do saber-aprender, que será melhor estruturada quando o sujeito tiver efetivado as duas etapas precedentes (enraizamento no seu próprio contexto e descoberta das leis inevitáveis da vida). A palavra-chave da base da atividade neuronal é organização.

Como funcionamos? De onde advém o nosso desejo de dar sentido àquilo que nos cerca? O que colocamos sob os rótulos de nossas percepções? Como o nosso desejo e a nossa capacidade de conhecer evoluíram? Qual a natureza e o papel da nossa memória? Qual o segredo do nosso cérebro? Tais são as questões abordadas, a partir das quais o usuário poderá se posicionar, questionar-se, colocar-se à escuta de outros pontos de vista, engajar-se num processo de exploração.

Dois procedimentos podem se apresentar

Primeiro procedimento:

É necessário evocar os três tempos da prática proposta nos módulos precedentes:

1º Tempo

(«T menos 1»)

Cada participante avalia as representações, os conhecimentos, os hábitos, o questionamento relativo ao conceito de organização e à análise em conjunto dessa tomada de consciência. Segue-se um primeiro trabalho sobre o Espaço Lexical do Módulo 3: “que sentido atribuímos às palavras empregadas no vídeo?” (distribuir cópias aos participantes).

2º Tempo

Assistir o vídeo

(«T»)

3º Tempo

Atividades de aprofundamento

(«T mais 1»)

1. Encontrar as principais questões (Q) levantadas ao longo do roteiro, quer tenham sido feitas na tela ou nos comentários.
2. Fazer a lista dos dados novos (DN), descobertas ou redescobertas.
3. Anotar as frases ou palavras-chave (FC, PC).
4. Fazer a lista dos elementos que permitem uma modificação de ponto de vista (Mpv).
5. Encontrar o sentido dado no vídeo às palavras do Espaço Lexical.
6. Encontrar a estruturação do documento e a sequência dos diferentes campos abordados; em seguida escolher três conceitos considerados importantes (individualmente ou em grupo).

7. Tomar uma decisão relativa à sua própria prática (individual).

8. Complementação bibliográfica. Distribuir cópias da bibliografia "Leituras para Aprofundamento" e repartir entre os membros a leitura das obras nela listadas.

Segundo procedimento:

Se a metodologia proposta para as Módulos 1 e 2 tiver sido bem integrada, os participantes poderão descrevê-la e transferi-la para outros materiais, para outras situações de reflexão e de formação. Poder-se-á então percorrer mais rapidamente as diferentes etapas para, em seguida, passar para um trabalho mais profundo de *auto-questionamento* e *exploração conceitual.*

Este procedimento visa criar uma experiência de leitura plural que permitirá, por sua vez, criar um espaço de diálogo plural.

A leitura é plural quando nos incita a renovar nosso olhar sobre o mesmo texto ou documento e/ou a escutar e descobrir a leitura feita por outros a partir do mesmo documento. O espaço de diálogo é plural quando acontece entre o leitor do documento e ele mesmo (graças a seu próprio questionamento), entre o leitor e outros leitores, entre o grupo e o mediador, entre o grupo e o autor, entre o mediador e o autor.[2]

Subjacente a essa proposta está o desejo de estar em coerência com nosso funcionamento de base (nossa ca-

[2] A prática e a teoria da leitura e do diálogo plurais foram expostas com detalhes na minha obra Apprendre aujourd'hui (Aprender, hoje), publicada por Editions Cheminements, 1994.

pacidade de selecionar), a preocupação em respeitar a diversidade do ser vivo, evitar as opiniões definitivas e reafirmar nossa característica essencial de estarmos em movimento, para além da linguagem verbal ou metafórica em que frequentemente nos fixamos.

Espaço Lexical do Módulo 3

(Principais conceitos abordados. Alguns estão inscritos na tela, outros são ditos pelos entrevistados. O mediador pode, se considerar útil, introduzir outros conceitos. Os participantes podem, após a atividade, propor, eles também, outras palavras e noções que lhes parecer importante destacar no vídeo. Pode-se, assim, propor palavras concretas, depois verbos, em seguida adjetivos, ou com um grupo treinado, propor unicamente palavras abstratas.)

Lembremos que se trata de estabelecer, num primeiro momento, um espaço de questionamento dos participantes sobre sua própria utilização da linguagem, antes que esses elementos lexicais sejam postos em contexto ao se assistir o vídeo. Essa primeira fase é uma ajuda preciosa à memorização e à compreensão. O mediador pode, se considerar útil, introduzir outros conceitos. Os participantes podem, depois da atividade, propor também outras palavras e noções que lhes pareçam importantes ressaltar no vídeo.

ação
córtex visual – corpo geniculado[3] – mudar – lateral – acoplamento
desejo de organização
emoções (emocional) – evolução do cérebro
flexibilidade – função desejante – funcionamento neuronal
imaginário – informação – insetos
linguagem
memórias – momentos estelares – mudança estrutural
níveis
ontogênese
paixão – percepção – filogênese – cilada
plasticidade – primatas
racionalidade – retina
significação – estabilização de regularidades – estruturação biológica – sistema neuronal – excedente de mão de obra
três dimensionalidades
valores

---

[3] Designação dada à extremidade anterior do corpo caloso; porção reflexiva do corpo caloso. NT

Prolongando a exploração

1. Uma enquete: as representações

O mediador propõe que os participantes escolham três conceitos abordados em "Nascemos para Organizar" (consultar o Espaço Lexical). Por exemplo: percepção, memórias, informação.

Para cada conceito escolhido, cada participante abre uma "ficha conceitual" na qual recolherá inicialmente as representações de 4 ou 5 outros membros do grupo. (Para você, o que significa ... ? O que representa ... ? Como você representaria por um desenho ... ? Que imagem você tem de ... ?)

É o começo de um trabalho individual e/ou coletivo a longo prazo, que pode tornar-se um verdadeiro banco de dados muito útil e mesmo indispensável ao trabalho de exploração e desenvolvimento pessoal. Essa primeira coleta de informações será a mais exata possível: a origem da informação e a data em que foi recolhida serão cuidadosamente anotadas, pois trata-se de constituir um verdadeiro diário de bordo ou de "itinerância" ("itinerário + errância"). Cada ficha deve conter, evidentemente, a definição pessoal do conceito proposto pelo entrevistador, e ele a datará como uma referência para o seu próprio percurso. As diversas anotações e reações darão ensejo a um intercâmbio em comum.

2. Uma sondagem: o questionamento

As pessoas (dentro e fora do grupo) não mais serão entrevistadas no nível de suas próprias representações, mas no nível de seu questionamento (exemplo: "Em relação à memória, o que você gostaria de saber? O que você se pergunta?"). A experiência mostra que é preciso frequentemente relançar o questionamento: "Você se pergunta se ... ?", pois somos todos incorrigivelmente tentados a substituir nosso questionamento por afirmações e certezas.

Sobre o papel do questionamento, tomar como referência o texto "Quatre axes existentiels de l'acte d'apprendre" (Quatro eixos existenciais do ato de aprender), em *Apprendre aujourd'hui* (*Aprender, hoje*), (ver Apêndice 1).

3. Organizar o espaço e o tempo da troca

Os participantes prolongam sua exploração dos três conceitos escolhidos, orientando suas leituras, sua escuta, suas observações e anotando as referências exatas, as citações, as experiências vividas, as imagens e metáforas, que enriquecerão suas fichas conceituais e o banco de dados coletivo do grupo. Seu arquivo torna-se um verdadeiro repertório, um banco de dados que logo se tornará operacional se a coleta dos dados tiver sido rigorosa e as referências cuidadosamente indicadas. Nessa etapa, cada ficha inclui: o inventário das representações (idéias correntes), do questionamento do grupo e dos companheiros e as referências, pontos de apoio, idéias-força recolhidas no vídeo e fora dele (3 a 4 semanas é uma duração eficaz).

4. Para aprender a aprender: otimizar o acoplamento, maximizar a flexibilidade, evitar as ciladas

"Se eu não for eu mesmo, quem o será?" perguntava o poeta americano H. D. Thoreau, no século IX. F. Varela nos fornece uma pista para forjarmos nossa identidade: cultivar nossas capacidades de mudança, a imensa capacidade de conexão de nosso cérebro e evitar as ciladas.

Subjacentes a essas sugestões de exploração, encontramos duas idéias-força. A primeira é que o organismo cria sua identidade acoplando-se ao seu ambiente. A segunda idéia-força é que alojamos um potencial imenso que devemos gerir: cabe a nós atualizar o "ainda-não" que reside em nós. Quatro atividades:

1. recuperar (recorrendo primeiro à memória e depois verificando no vídeo) os esquemas representativos dos dois tipos de acoplamento (com o meio, com uma outra pessoa);

2. buscar exemplos precisos nas nossas práticas quotidianas, nas quais a iniciativa, a abertura de espírito, a cooperação, a flexibilidade, a autonomia, o questionamento, possam substituir respectivamente a passividade, a estreiteza, a concorrência, a rigidez, a dependência, o pensamento já pronto (o "prêt-à-penser");

3. encontrar no vídeo quais as ciladas a evitar. Além das que foram assinaladas, existem outras?

4. assinalar os campos (muito frequentes) de nossas situações de "ainda-não". Por exemplo: em vez de dizer "eu sou incapaz de ...", aceitar dizer "eu não sou ainda capaz de ...". Esta situação deve ser trabalhada primeiramente a dois, depois em grupo (o que eu descobri?).

Leituras para Aprofundamento

Bateson, G. *La nature de la pensée (A natureza do pensamento).* Seuil, 1984.

Bohm, D. *La danse de l'esprit (A dança do espírito).* Ed. Seveyrat, 1989.

Bono, E. de. *Réfléchir mieux (Refletir melhor).* D'Organisation, 1991 (3ème ed).

Buzan, T. *Une tête bien faite. (Uma cabeça bem feita).* D'Organisation, 1989, (6ème ed).

______. *Dessine-moi l'intelligence (Desenha-me a inteligência).* D'Organisation, 1995.

Edelman, G. *Biologie de la conscience (Biologia do conhecimento).* O. Jacob, 1992.

Hampden & Turner. *Atlas de notre cerveau (Atlas de nosso cérebro).* D'Organisation, 1990.

Imbert, M *Neurosciences et sciences cognitives (Neuro-ciências e ciências cognitivas).* Le Débat, 47, 1987.

Morgan, G.. *Images de l'Organisation (Imagens da Organização).* Presses Universitaires, Laval, 1989.

Morin, E. *Introduction à la pensée complexe (Introdução ao pensamento complexo).* ESF, 1990.

Papert, S. *Jaillissement de l'esprit (O jorrar do espírito).* Flammarion, 1981.

Pessis, G. & Pasternak. *Faut-il brûler Descartes? (É preciso queimar Descartes?).* La Découverte, 1991.

Rosenfeld. *L'invention de la mémoire (A invenção da memória).* Flammarion, 1994.

VARELA, F. *Invitation aux sciences cognitives (Convite às ciências cognitivas).* Seuil, 1996.

Varela, F. & MATURANA, H. *L'arbre de la connaissance.* Addison-Wesley, 1994. (*A Árvore do Conhecimento.* Palas Athena, São Paulo, 2005, 5ª ed)

Módulo 4

Nascemos para Criar Sentido

entrevista com

Francisco Varela

O caminho não pode ser encontrado a não ser no interior do interior. No silêncio, no coração da solidão – no jardim que tem uma só árvore: a árvore do caminho do eterno nascimento.

Michel Camus em
Adonis – Le Visionnaire

4

Nascemos para Criar Sentido

Objetivo do Módulo 4

Fazer com que tomemos consciência:

– das consequências para a nossa vida de uma visão do mundo mais coerente com os dados científicos atuais relativos à vida do pensamento, ao conhecimento, ao saber;

– da importância de fundamentar os atos de aprendizagem, de comunicação e de questionamento em nossas biografias para propiciar maior consistência às nossas existências;

– da necessidade de evitar as grandes armadilhas nas quais nossa energia frequentemente se perde.

Especificidade e função do Módulo 4

Esta sequência corresponde à quarta etapa do saber-aprender, o saber-interpretar, que se estruturará melhor se as três etapas precedentes tiverem sido trabalhadas: enraizamento no contexto, descoberta das leis inevitáveis da vida, descoberta do nosso imenso potencial de auto-organização e flexibilidade.

Como definir o conhecimento? Com certeza, não como um espelho do mundo nem como uma coleção de informações. O sentido não existe em si mesmo. Ele emerge de nossos diferentes acoplamentos. Devemos, portanto, mudar a linguagem em relação ao Real: primeiramente, desimpedir o caminho, depois, escavar para fincar os alicerces para, em seguida, construir.

Como definir a autonomia? Até que ponto somos autônomos? Qual o motor da nossa lógica de conhecimento? Estas questões são levantadas nesta quarta sequência, que se constrói em torno de duas novas palavras-chave na base de nosso funcionamento biológico: seletividade e emergência.

Resumo do procedimento ternário proposto nos módulos precedentes

1º Tempo

Atividades antes de assistir o vídeo

(«T menos 1»)

Fazer o inventário das representações dos recursos de que dispomos para criar sentido (o que me serve de apoio para atribuir sentido ...), dos nossos hábitos (como me apego a eles para atribuir uma significação ...), do nosso questionamento (que questões me faço em relação ao sentido, à significação ...). Em seguida, fazer o primeiro levantamento dos termos do Espaço Lexical identificando aqueles que, no momento, nos surpreendem ou nos questionam.

2º Tempo

Assistir o vídeo

(«T»)

3º Tempo

Atividades de aprofundamento, depois de assistir o vídeo

(«T mais 1»)

Proceder em 3 etapas:

a) recorrer à memória,

b) buscar a resposta no vídeo,

c) anotar as respostas para compará-las com as do grupo.

1) Encontrar as principais perguntas feitas aos entrevistados (ou ao utilizador).

2) Que idéias, propostas, observações são novas ou redescobertas?

3) Que palavras ou frases-chave eu gostaria de guardar?

4) Que pontos de vista vão me estimulam a mudar de ponto de vista?

5) Buscar os contextos a que pertencem as palavras (distribuir cópias do Espaço Lexical).

6) Acompanhar a evolução das diferentes áreas abordadas pelos entrevistados e escolher três conceitos considerados importantes (individualmente ou em grupo).

7) Tomar uma decisão em relação à sua própria prática (individualmente).

8) Prolongamento bibliográfico. Distribuir cópias da Bibliografia, dividir as leituras entre os elementos do grupo e organizar resumos a serem comunicados e intercambiados dentro do grupo. (Quem faz o quê? Onde e quando?)

Prolongando a exploração

Para um trabalho em profundidade, duas etapas são indispensáveis: a identificação das representações[4] dos con-

[4] A palavra representação é aqui empregada no sentido corrente de interpretação. Um outro sentido da palavra evoca o espelho que, segundo certas teorias, nos devolve a imagem de um mundo pré-estabelecido. Esta teoria é refutada por Varela.

ceitos que estão em jogo na situação de aprendizagem e a emergência do questionamento dos participantes.

Sugere-se, nesse momento, que se comece pelo trabalho de questionamento. Nossas trocas são, com muita frequência, privadas da "pré-história" de nossas representações, período em que ainda temos a possibilidade de ver as coisas de outra maneira (de nos "acoplarmos" de outra maneira).

O trabalho se fará em dupla (ou a três). É no espaço entre A e B (eventualmente C) que, efetivamente, o sentido emergirá: do encontro da "verdade" de cada um, nem da "verdade" de A, nem da "verdade" de B, nem de um catálogo em branco e preto do bem/mal, do certo/errado.

1. O trabalho sobre o questionamento (e o autoquestionamento) consiste em nos colocarmos em posição de interrogação, isto é, de "ainda não saber", de abertura, de perspectiva diante dos conceitos subjacentes ao ato de aprender, ensinar ou comunicar: relação de ajuda, atenção, conhecimento, compreensão, finalidades, desconhecido, inteligência, motivações, recursos, saber, tempo.

Atenção! Existe um questionamento "verdadeiro-falso" que funciona para se obter ou absorver uma resposta ou para indagar sobre um procedimento. Nosso objetivo é abrir um espaço e um tempo de ressonância para que se elabore a emergência do sentido. Somente as questões vigorosas podem contribuir para tal.

Diferentes tipos de questões podem ser colocadas para cada conceito:

a) de que recursos disponho (você dispõe) para ... (ajudar, compreender, dirigir minha atenção ...)

b) quais são as minhas (suas) maneiras habituais de gerir esses recursos?

c) como fazê-lo, que medidas concretas tomar para melhor gerir esses recursos?

d) o que eu (você) gostaria de saber sobre ... ? Fazer emergir o questionamento abrindo-se aos difer entes níveis de análise (para quê? para quem? como?). Os diferentes tipos de relação (eu e o meio-ambiente, eu e os outros, eu e eu). As diferentes dimensões (tempo/duração; espaço local/espaço global).

2. O trabalho sobre as representações prolonga o que foi iniciado no Módulo 3.

Encarar de frente as nossas representações nos permite compreender até que ponto elas constituem uma verdadeira rede que "impede de nos lançarmos no oceano", segundo a expressão de Christiane Singer. Nossos preconceitos podem também ser utilizados como alavancas de compreensão desde que os consideremos como pré-concepções e que os submetamos a um teste crítico e ao olhar dos outros. Desse modo, eles podem contribuir para desenvolver nossa receptividade.

Definitivamente, o trabalho aqui proposto visa abalar as significações que se cristalizaram em nós (A = A). A busca do sentido é "uma longa viagem", segundo M. Ouaknin, que nos convida a priorizar uma lógica da procura do sentido, em lugar de uma lógica da verdade, que abre caminho para todas as guerras.

Por meio de uma pesquisa junto a crianças, adolescentes, pais, educadores, responsáveis institucionais etc, os participantes vão recolher sinônimos (palavras isoladas) que cada um propõe para o conceito a ser explorado pelo grupo (por exemplo, o conceito de "erro").

Pode-se facilitar a coleta das respostas, propondo-se um quadro a ser preenchido pelas categorias de entrevistados (crianças, adolescentes, pais, responsáveis) a quem a seguinte pergunta é feita: "Para você, que palavras são sinônimos da palavra ... (ex: "erro").

Para o tratamento dos dados coletados, se não se pretende estabelecer estatísticas, mas fazer uma análise qualitativa, a tabela abaixo pode ser útil. Ela pode servir de base para tratar as respostas de uma pesquisa sobre qualquer conceito.

1. Que constatação se faz? (termos citados por todos, termos raramente utilizados)
2. Que nuanças são dadas? (neutras, positivas, negativas, palavras de abertura)
3. Que modalidades sensoriais[5] são utilizadas? (visuais, auditivas, cinestésicas)
4. Que categorias gramaticais são utilizadas? (verbos = dominância ação; nomes = objetivação; adjetivos = dominância sensorial, advérbios = dominância posicionamento, etc)
5. Que estatuto é dado ao conceito? (causa, efeito etc)
6. A palavra sinônimo refere-se a um sistema de valores? (norma, código etc)

[5] Para encontrar os termos específicos de uma modalidade, cf. de la Garanderie, A. Cayrol e J. de St. Paul (op. cit.).

7. A palavra sinônimo refere-se a um estágio do ato de aprender ou de comunicar? (antes do ato = preparação; durante o ato = percurso; depois do ato = eficácia)
8. A palavra sinônimo designa uma atitude, um comportamento? (aspecto psicológico)
9. Ela designa um processo mental? (aspecto cognitivo)
10. A responsabilidade é imputada a alguém?
11. A palavra sinônimo designa a função do conceito? (ex: que papel é atribuído ao erro?)

(Esta lista não esgota o assunto.)

Espaço Lexical do Módulo 4

(Principais conceitos abordados. Alguns estão inscritos na tela, outros são ditos pelos entrevistados. O mediador pode, se considerar útil, introduzir outros conceitos. Os participantes podem, após a atividade, propor, eles também, outras palavras e noções que lhes parecer importante destacar no vídeo. Pode-se, assim, propor palavras concretas, depois verbos, em seguida adjetivos, ou com um grupo treinado, propor unicamente palavras abstratas.)

acoplamento – culto da informação-decisão
aprendizagem – autonomia
carrilhões – caminho – cavalos do Lago Ladoga – circularidade
ciladas – ponto triplo – processo de conhecimento
computador
comunicação – conhecimento – constelação de sentido
descoberta de um continente
emergência
galeria de quadros
informação – inteligência
metáfora – espelho – móbile
reenquadrar a linguagem – reorganização interna
seleção – significação – sistema imunológico – sistema neuronal

Leituras para Aprofundamento

Escolher, descobrir, aproximar-se, deixar-se conquistar, ler, reler... para se questionar, relatar, comentar, para trocar, para fazer emergir o sentido e construir junto. Propõe-se aqui um tipo de "bibliografia comentada" que os participantes poderão exercitar-se em criar, eles também, a partir de suas próprias leituras.

ANDLER, D. (dir). *Introduction aux sciences cognitives (Introdução às ciências cognitivas).* Gallimard, Folio, 1992. Trata-se de uma apresentação das ciências cognitivas graças à contribuição de conferencistas do Colóquio de Cerisy em 1987, "Approches de la Cognition", e de outros colaboradores. Os diferentes temas abordados: o cérebro, a arquitetura das funções mentais, conceitos e teorias, as representações como fundamentos do espírito, a dimensão social. Uma verdadeira introdução, que estimula a vontade de prolongar a exploração.

BARTH, M. *Le savoir en construction (O saber em construção).* Retz, 1993. Depois de uma primeira obra exploratória e descritiva, L'Apprentissage de l'Abstraction (A aprendizagem da abstração), o autor aborda nossa relação com o saber, sua elaboração e sua mediação. O objetivo desse segundo livro é oferecer uma reflexão teórica e instrumentos para suscitar uma mudança conceitual nos formadores, cuja prática é o reflexo (ou a consequência) dos modelos a que se referem para gerir suas interações no processo ensinar<->aprender.

BRUNER, B. *Car la culture donne forme à l'esprit (Pois a cultura modela o espírito).* ESHEL, 1991. O autor é um dos primeiros a se convencer de que não se pode conhecer o homem se não se considerar sua própria evolução, seu contexto cultural e sua linguagem. Abre, assim, caminho para a interdisciplinaridade em ciências humanas. Adepto de uma psicologia "in vivo", ele mostra que a psicologia popular é um instrumento da cultura e defende uma abordagem realista da personalidade, realçando o aspecto transacional e relacional da nossa identidade a ser construída. Um capítulo é dedicado ao acesso à significação.

CASTELLO, M. & ZARTARIAN, V. *Nos pensées créent le monde (Nossos pensamentos criam o mundo)*. R. Laffont, 1994. Os autores desmontam a nossa concepção do real e propõem um novo conceito, o "weid", que nos três campos (física, metafísica, epistemologia) vai servir de instrumento de exploração. Um espaço de questões-respostas, uma proposição de metamorfoses, notas, anexos, um glossário, uma bibliografia e um índice fazem desta obra uma oportunidade para uma verdadeira viagem em direção a si mesmo e para além de si mesmo.

CAYROL & SAINT PAUL, J. de. *Derrière la Magie (Por trás da magia)*. InterEditions, 1984. É a primeira obra em francês sobre a Programação Neuro-Linguística. Dá uma visão fiel e clara da PNL. Bem fundamentado em nível teórico e conceitual.

DENNET, D. C. *La stratégie de l'Interprète, le sens commun et l'univers quotidien (A estratégia do Intérprete, o senso comum e o universo cotidiano)*. Gallimard, 1990. Uma obra (um pouco densa) para nos acompanhar por uma boa década! Um belo esclarecimento sobre o senso comum e nossa capacidade de interpretar nossos semelhantes, nossas estratégias intencionais, nossas crenças.

GARANDERIE, A. de la. *Les profils pédagogiques (Os perfis pedagógicos)*. Le Centurión, 1980. A abordagem do autor que, em vez de buscar as várias causas do fracasso escolar, estuda primeiro os processos de sucesso, permite observar os tipos, as famílias, os perfis que são mais eficazes do que outros. A esta obra sucederam-se várias outras que desenvolvem os temas do diálogo pedagógico, da memória, da compreensão e da imaginação.

GARDNER, H. *Histoire de la révolution cognitive, la nouvelle science de l'esprit (História da revolução cognitiva, a nova ciência do espírito)*. trad., Payot, 1993. Boa introdução às ciências cognitivas, accessível ao grande público, retraça a história da revolução cognitiva dando a ela uma perspectiva histórica. Para o autor da teoria da Inteligência Múltipla e diretor de um projeto educativo centrado no desenvolvimento da inteligência, a ciência cognitiva pode contribuir para melhor se compreender, além dos notáveis produtos do espírito humano (sinfonias, poemas, invenções de todo tipo, teorias), o que é o ato de aprender e de se desenvolver.

HARDY, C. *Le regard crée du sens... (O olhar cria sentido...)*. in IIIème Millénaire, n. 1, Avril 1994. O sentido está no âmago da vida. Não podemos prescindir de sentido. Esse sentido, nós o criamos e recriamos a cada instante. Nós nos apropriamos dele. Está ligado a redes culturais mais vastas, à articulação do individual e do coletivo, do consciente e do não consciente. Na comunicação, em que intervêm múltiplos níveis de ser, criam-se ligações semânticas, constelações semânticas se encontram, uma constelação de interface emerge.

OUAKNIN, M. *Bibliothérapie, Lire, c'est guérir (Biblioterapia, Ler é curar)*. Seuil, 1994. A leitura é um encontro. O leitor, construindo sua leitura, constrói-se a si mesmo, pois "não existe livro sem interpretação" e, por isso mesmo, sem diálogo: dia-logo sobre o sentido das palavras múltiplas e claras. Se há cura, é porque há abertura, portanto, recusa de fechamento num sentido estabelecido e definitivo, imposto, institucionalizado. Esse livro é o exemplo do que pode ser a coerência da linguagem e do pensamento de um autor.

PEREC, G. *Penser/Classer (Pensar/Classificar)*. Hachette, 1985. O livro será melhor apreciado após o trabalho sobre os dois módulos de *Nascemos para Aprender* com F. Varela. A obra contém uma mina de temas a desenvolver, exemplos e idéias de classificação, considerações e reflexões sobre nossas diferentes estratégias de pensamento: como penso quando penso? ... quando não penso, quando penso em como penso quando penso ... ? E ainda nos faz rever algumas de nossas idéias convencionais.

SAUCET, M. *La Sémantique Genérale aujourd'hui (A Semântica Geral, hoje)*. Le Courrier du Livre, 1988. Obra clara e muito útil para se descobrir todas as riquezas da contribuição de Korzybski para nossa interrogação sobre o sentido e nossa relação com a realidade. O livro expõe os princípios fundadores da Semântica Geral e propõe exercícios que incitarão o leitor a procurar uma oportunidade para viver essa abordagem numa formação específica.

VARELLA, F. *L'inscription corporelle de l'esprit, sciences cognitives et expérience humaine (A inscrição corporal do espírito, ciências cognitivas e experiência humana)*. Seuil, 1993, (em colaboração). O sujeito humano e sua experiência constituem o cerne desse livro, que propõe um caminho do meio para nos liberarmos da angústia cartesiana e reatarmos com o senso comum, encarnarmos a cognição, revisitarmos o conceito de evolução e introduzirmos o conceito de enação. Viver a história de nosso acoplamento com o meio.

______. *L'Invitation aux sciences cognitives (O convite às ciências cognitivas)*. Seuil, 1996. Síntese indispensável para se compreender a evolução das ciências cognitivas e as grandes correntes "ortodoxas", ou pelo menos históricas: cognitivismo, conexionismo.

F. Varela se posiciona em relação a essas correntes e introduz os conceitos de "enação" e de "fazer-emergir".

______. *Le Système immunitaire, un soi cognitif autonome (O Sistema imunológico, um si cognitivo autônomo).* in "Introduction aux sciences cognitives" dir. D. Andler, Folio Essai, Gallimard, 1992. Redigido em colaboração com M. R. Anspach, esse capítulo, é essencial para se compreender a importância de se reenquadrar o discurso imunológico e perceber a imunidade como um processo cognitivo central (reconhecimento, aprendizagem, memória) e não como essencialmente um sistema de defesa do "si" contra o ataque súbito de infecções estranhas.

VARELA, F. & MATURANA, H. *L'arbre de la connaissance (A Árvore do Conhecimento,* Ed. Palas Athena). Addison-Weslwy, 1994. Este livro, escrito por dois pioneiros das ciências cognitivas, permite-nos "refundamentar" nossas questões e posicionar em termos novos nossa compreensão do ato cognitivo, enraizado na nossa estrutura biológica, isto é, numa realidade por essência dinâmica, que busca seu próprio equilíbrio.

VYGOSTSKI, L. S. *Pensée et Langage (Pensamento e Linguagem).* Editions Sociales, 1985. Livro maior de um autor brilhante, transdisciplinar antes de seu tempo, ignorado na França por tempo demasiado longo. Deve-se a ele uma reorientação essencial do estudo do psiquismo. Escapar às tendências do idealismo e do mecanismo, dar lugar aos dados neurológicos, ao estudo da consciência e às determinações sociais do psiquismo, esta será a via da "psicologia das altitudes" (e não das profundezas) e de uma nova teoria das funções psíquicas superiores, de uma psicologia prática não redutora porque voltada para o potencial da pessoa humana. Um universo a explorar.

WATZLAWICK, P. (dir). *L'invention de la réalité (A invenção da realidade).* trad., Deuil, 1988. Vários autores entre os quais F. Varela, contribuíram para esta obra. Eles nos falam de nossa busca sobre a realidade e da realidade, e das soluções do construtivismo. Os místicos não são mais os únicos para quem sujeito e objeto são apenas um. As diferentes contribuições são introduzidas e comentadas por Watzlawick, com a preocupação constante de fazer o leitor encontrar respostas práticas para sua exigência de sentido.

MÓDULO 5

Nascemos para Escolher

entrevista com
Albert Jacquard e
André de Peretti

5

NASCEMOS PARA ESCOLHER

Objetivo do Módulo 5

Somos escolha. Esta era uma das frases-chave de Francisco Varela na sequência precedente. Trata-se agora, portanto, de explorar nosso potencial de escolha, reconhecê-lo em nós e nos outros, discernir os fatores que vão nos permitir atualizá-lo, isto é, torná-lo atual, concreto, operacional, e dar (ou devolver) a esse potencial seu estatuto e sua função: a de nos fazer evoluir e desenvolver individual e coletivamente.

Ao clarificar os valores e critérios implicados no ato de escolher, nós nos damos os meios de construir um percurso, uma estratégia, um método para realizar nossos "ainda não", para, segundo as palavras de A. Jacquard, tornarmo-nos aquele que escolhemos ser.

Especificidade e função do Módulo 5

Esta sequência constitui o centro da árvore, localizada sobre o eixo vertical, entre a raiz e o cume. Pólo de decisão no qual se fabricará a identidade e a permanência do ser, esse lugar-matriz se coloca entre os dois ramos da organização da complexidade e da emergência do sentido (Módulos 3 e 4) e os da inovação e da troca. (Módulos 6 e 7).

Com efeito, a questão "Quem sou eu?" se coloca em toda a sua gravidade, depois de ter feito emergir o sentido (Módulo 4) que nasce a partir de nossa capacidade de organizar (Módulo 3), capacidade que organiza a complexidade do real (Módulo 2), complexidade que desvela nossas capacidades sensoriais e nossa capacidade de explorar nosso contexto e outros universos mentais que nos enriquecem (Módulo 1).

A questão "Quem sou eu?" coloca-se antes de estarmos em situação de criar e inovar (Módulo 6). É o fato de termos inovado que permitirá que nos coloquemos em situação de partilha e troca (Módulo 7). Mais do que qualquer outra, esta questão constrói nossa relação com o Tempo.

O Módulo 5 encontra-se, portanto, no coração da lógica do ser vivo. Ela ajuda a nos colocarmos diante de nossa história, a fazer nascer a determinação, a tomar consciência de que somos responsáveis por nossa história. Ela realça a importância de nos prepararmos melhor para nos engajarmos e para "reinventarmos o engajamento", e isso porque saberemos melhor o que podemos investir, porque teremos clarificado nossas escolhas, nossos "o que penso", "o que creio", "o que sei", e porque teremos feito nosso questionamento em termos novos.

Desenvolvimento da prática ternária.

Prolongando a exploração

Os Módulos 3 e 4 permitiram realizar um trabalho aprofundado em torno das representações e do questionamento. Atividades de sondagem e de enquete foram propostas, assim como uma tabela de posicionamento e de análise dos dados coletados.

As atividades propostas neste Módulo 5 oferecem uma gama de prolongamentos de sentido, momentos em que cada um vai poder interrogar-se, auto-posicionar-se, auto-avaliar-se ou simplesmente "permanecer na questão" (o que é o mais difícil), para deixar que o processo de compreensão, de maturação, se efetue a seu ritmo: "deixar-se fazer", viver uma "pausa estruturante".

Pesquisa individual, depois em plenário

Escolher e dizer porquê

(atividade "quebra-gelo", que permite esboçar o trabalho em grupo)

De que frase(s) você se sente mais próximo? Por quê?

- Se eu não for eu mesmo, quem o será? (Thoreau)
- Não nascemos homem ou mulher, nos tornamos homem ou mulher.
- O homem se produz instante após instante (M. A. Ouaknin)
- Escolher é aceitar e rejeitar. (M. A. Ouaknin)

- Nenhuma ação é derrisória. Pouco importa o percurso, desde que se caminhe. (A. Jacquard)
- Cada um se torna si próprio pelo questionamento. (A. Jacquard)
- Não poderia haver cume sem vale, borboleta sem lagarta, rosa sem botão, fruto sem flor, planta sem semente. (adaptado de P. Ferrucci)
- O ser humano é um viajante em trânsito. (E. Jabès)
- Lançar-se em cada minuto como se fosse o único minuto real... (J. Lusseyran)
- Um potencial não utilizado ou não alimentado é um potencial perdido para o ser humano e para a humanidade. (D. Chopra)
- Um potencial pode esconder um outro...
- Aquele que decide apressadamente é um homem perigoso. (L. Israël)

Quem sou eu? (1)

(lembrar a imagem do vídeo representando uma porta com a inscrição: "Eu")

O que existe atrás da porta?

Usar um esquema heurístico (a explicação detalhada da técnica encontra-se na obra de Tony Buzan *Une tête bien faite* [*Uma cabeça bem feita*], p. 123-6, ver Apêndice 3).

Colocar no centro de uma página branca, no sentido da largura, a palavra E U.

Abrir 3 ramificações com as categorias mais gerais (eu

sou, eu faço, eu tenho); depois abrir ramos secundáriospara que se torne cada vez mais preciso e detalhado (porque, como):

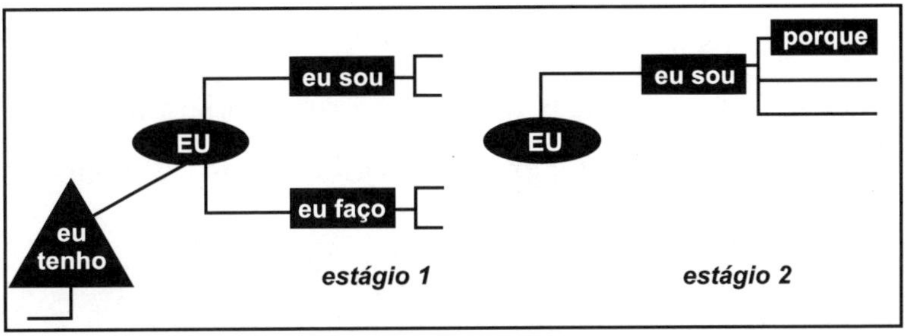

– O estágio 1 é descritivo: indicação dos campos do ser, do fazer e do ter.

– O estágio 2 é explicativo: porque (trata-se de nossos valores e referências).

– O estágio 3 é explicativo: como (trata-se de nosso processo e dos meios utilizados).

NB: Esta técnica permite desenvolver uma exploração que vai do geral para o particular, da categoria mais abstrata ao exemplo concreto. Quando uma ramificação ficar muito sobrecarregada, abrir um novo esquema colocando o tema (exemplo: eu sou) no centro da página e prosseguir o desdobramento das ramificações.

Quem sou eu? (2)

Esta atividade é inspirada em R. Assagioli (cf. Bibliografia)

Objetivo: tomar consciência das diferentes imagens que construímos de nós mesmos ou que são construídas pelos outros e que, frequentemente, entram em conflito entre si. Torna-se necessário substitui-las por um "modelo" que corresponda ao que poderemos nos transformar.

1. o que acreditamos ser (imagens de auto-estima? de baixa-estima?)
2. o que gostaríamos de ser e o que desejaríamos ser
3. o que os outros acreditam que somos (as imagens que os outros têm de nós)
4. o que os outros gostariam que fôssemos (nós o rejeitamos ou aceitamos)
5. as imagens que os outros fazem surgir em nós (nós as aceitamos?)
6. o que gostaríamos de parecer aos olhos dos outros
7. o que poderemos vir a ser (a explorar!)

Tempo e decisão

a) Qual é o esquema (ou a imagem, ou a metáfora) que melhor representa (para mim, para você) o processo de decisão?

b) A partir de dois eixos que se interceptam, dos quais um é o Tempo, Chronos, definir graficamente, em 30 segundos, a sua representação do desenrolar de uma tomada de decisão[6]: lenta? rápida? regular? brusca? feita por etapas? Quais parâmetros que, bem ordenados, podem fazer variar a curva: o esforço? uma influência exterior? a experiência anterior? em que proporções? Em que momento intervêm esses parâmetros? muito

[6] Dados 2 eixos, x e y, dos quais x, a coordenada horizontal representa Chronos, o tempo externo objetivado pelo relógio, e y a coordenada vertical que define o desenrolar no tempo de uma tomada de decisão qualquer, desenhe neste gráfico, em 30 segundos, a sua representação desse desenrolar.

cedo? no meio do caminho? no último momento? Outros tempos (Aeon e Kaïros[7], assinalados no vídeo) intervêm? Levar em consideração várias situações ou casos. Verificar se a curva é idêntica para uma mesma pessoa: a tomada de decisão é sempre rápida, lenta? Ela sempre se efetiva de uma só vez, em várias etapas, num crescendo ou decrescendo, que varia segundo o tipo de decisão, as situações, os parceiros? Se a resposta é afirmativa, como? e por quê? (de acordo com a sua opinião).

c) Comparar as curvas para uma mesma pessoa, para os membros do grupo. Comparar os fatores que intervêm em cada um. Comparar as diferentes estratégias.

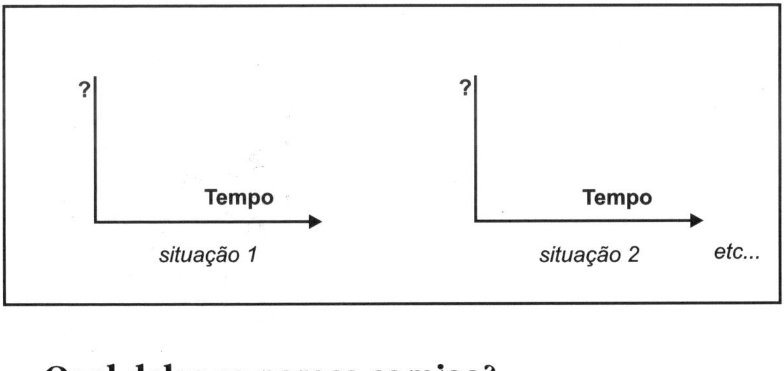

Qual deles se parece comigo?

O célebre cancerologista L. Israël dedicou-se a um pequeno estudo fenomenológico sobre aquele que toma as decisões médicas. Formulou a seguinte tipologia: aquele que se ignora (alguém decide por ele); o prudente (permanece nos lugares-comuns); o imprudente

[7] Aeon = período de tempo tão longo que não pode ser medido. Kaïros = a escolha do momento oportuno; está ligado a um tipo de inteligência que baseada no contingente.

(assume todos os riscos, não domina os procedimentos utilizados); o apressado (não se concede o tempo de reflexão); o imprevisível (muda de opinião sem cessar, ao sabor das circunstâncias); o depressivo (a evitar!); o sádico (amputa para ver com mais clareza); o mau caráter (enfurece-se quando é questionado); o incoerente (faltam-lhe alguns encadeamentos lógicos)...

Preparar-se para a decisão

O PNI (cf. E. de Bono, *Réfléchir mieux [Refletir melhor]*, ver Apêndice 2):

P = Positivo, N = Negativo, I = Interessante (= seria interessante ver se ...).

Escolher uma situação problema. Fazer 3 listas: 1. os pontos positivos; 2. os pontos negativos; 3. os pontos dignos de interesse.

Esta exploração prévia permite que sentimentos intervenham depois da exploração. Eles não têm o peso que tinham antes da exploração (que eles teriam maculado ou mesmo impedido).

Que tipo de aprendiz fui, escolhi ser, sou, serei?

(nas minhas aprendizagens, que escolhas tive, fiz, estou fazendo?)

a) Recorrer à memória para buscar 3 exemplos de experiências em que você pode dizer: "aprendi ..." ou "aprendi a ..." Situar o que, onde, quando etc. Definir precisamente o que o faz dizer que você aprendeu (índices, referências, critérios, signos).

b) Encontrar a enumeração dos tipos de aprendizagem citados no vídeo.

c) Propor que cada membro do grupo se posicione em relação à enumeração abaixo (a ser completada eventualmente pelo grupo).

Projetar uma transparência da lista ou distribuir cópias:

- tipos de aprendizagem: sensório-motor, conceitual, verbal etc + combinatórias;
- processo de aprendizagem: por observação, imitação, repetição, associação, condicionamento, transposição, impregnação, referência a uma teoria, experiência (ensaio e erro), reflexão (dedução, indução), apropriação (enraizamento em seu sistema de valores, de referências, de conhecimentos), maturação (pela ação do tempo), pelo acaso;
- situações de aprendizagem: isolamento, à distância, por procuração, em grupo, com um mestre (guia e avaliador), em autonomia (auto-regulação e auto-avaliação), em semi-autonomia, em alternância.

Pode-se prosseguir com a escolha das motivações, os objetivos visados, as atitudes etc. Após esse trabalho de posicionamento, lançar a questão: "E agora ... ? Que tipo/processo/situação vou explorar?" (exemplo: uma situação de aprendizagem da leitura).

Potencial? Você disse "potencial"?

1. Dar sua própria definição do "potencial humano":

de que natureza ele é (como descrevê-lo?); seu papel; quando e onde ele se manifesta?

2. Procurar no Módulo 5 o que dizem os entrevistados a respeito do tema. No Módulo 1, já se aborda essa questão e uma primeira lista é proposta.
3. Na lista abaixo, elaborada a partir das características fundamentais de nosso funcionamento cerebral, quais são os potenciais que você pensa já ter desenvolvido? (distribuir cópias ou projetar a lista em transparência)

O cérebro é capaz de: abstrair, realizar(-se), adaptar, antecipar, aprender, reunir, tornar(-se) autônomo, categorizar, mudar, escolher, comunicar, decidir(-se), desenvolver, expressar(-se), evoluir, imaginar, gerir (o inesperado, o desconhecido), inovar, integrar(-se), intencionalizar (manifestar ou atribuir uma intenção), interagir, interpretar, memorizar, fazer funcionar, organizar, relacionar, passar à ação, perceber, questionar(-se), buscar o equilíbrio, selecionar, estruturar.

4. Você gostaria de acrescentar outros potenciais a esta lista?
5. Que potenciais você gostaria agora de desenvolver prioritariamente?
6. Que meios você se oferece para atingir o seu objetivo?
7. Como você saberá que desenvolveu esses potenciais?
8. Como ir de uma situação, de uma maneira de ser, de um comportamento, de uma atitude de "ainda

não", a uma situação, um modo de ser, um comportamento, uma atitude de competência e de controle? (Aqui, mais uma vez, um desenho projetivo, um esquema, podem ajudar a clarificar e sobretudo a estruturar a resposta.)

Em Atelier

Formar subgrupos que escolherão, entre as propostas abaixo, um tema a explorar e a expor diante do grupo. Estruturar as etapas no tempo dado. Respeitar Chronos escrupulosamente: cada um terá a sua vez, após negociação.

As ciladas

Encontrar neste e nos Módulos 1, 2, 3 e 4, as ciladas mencionadas pelos entrevistados. Prolongar a lista. Analisar a noção de cilada, seus processos, seus contextos, os «T menos 1» (ou «T menos 2», isto é, o que precede) e os «T mais 1» (o preço a pagar, as consequências). Propor uma estratégia de retirada.

Prolongando a exploração

O que impede a escolha

Tomar como exemplo uma situação concreta. Enumerar, analisar o contexto, as frases (antes, durante, depois). Fazer um esboço da situação de "impedimento de escolha". Identificar as relações entre os fatores (tempo, meios, objetivos, falta de informações, de projetos), as relações em mão única (sem retorno, sem diálogo, desequilíbrio entre o dar e o receber) e, principalmente, observar as ausências de relação entre os parâmetros, os parceiros. Acrescentar o que falta e traduzir as flechas bidirecionais em termos concretos (o que significa a relação estabelecida).

"Crise e questionamento"

Esboçar em 30 segundos o que a palavra "crise" evoca para você. Submeter o seu esboço à apreciação do subgrupo. Escutar silenciosamente os comentários, isto é, a leitura que fizeram do esboço, sem reagir, verbalmente, por gestos ou mímica. Escutar as questões que os elementos do grupo lhe fizerem.

Por sua vez, comentar o esboço deles nas mesmas condições. Em seguida, cada um explica o que quis dizer. Sem interromper, os que escutam tomam nota do modo mais exato possível.

Diante do grande grupo, cada um explica o que o outro expressou, primeiro graficamente, em seguida verbalmente. Os interessados acatam silenciosamente as reações para depois se exprimirem. Regra do jogo: cada um escuta e recebe em silêncio. Cada um expressa-se no nível dos recursos: os próprias e os dos outros. O trabalho se faz independentemente de qualquer juízo de valor.

Após essa troca, o mediador dará duas etimologias da palavra "crise":

- Em francês, "crise" vem do grego *krisis.* Para os gregos, a palavra significa: 1. faculdade de distinguir; 2.

escolha; 3. contestação; 4. decisão (o que é importante, o que é preciso evitar), desenrolar, fase decisiva de uma doença, explicação de um sonho.

- Em chinês, o ideograma para "crise" é feito de dois outros ideogramas. Um significa "perigo" e o outro "oportunidade". Explorar o que evoca a palavra "crise" em outras línguas.
- O que dizem os autores dos esboços? Distingue-se nos seus desenhos uma ruptura, uma dinâmica, uma escolha, uma abertura? Essa estratégia pode ser utilizada para explorar outros conceitos: autonomia, por exemplo.

Imagens

Voltar às imagens de emergência do início da seqüência no DVD. De qual delas você se sente mais próximo? Trocar. Evocar outras imagens seguindo a ordem da evolução: da matéria à vida, da filogênese à ontogênese, da infância à idade adulta.

Propor imagens de emergência da compreensão de noções como: evolução, percurso, liberdade, compatibilidade, interação, esplendor, inesperado, desconhecido, escolha, troca.

Essas imagens podem ser evocadas e descritas verbalmente ou escolhidas e mostradas (pinturas, fotografias, textos) ou ainda realizadas em "testes projetivos" (desenhos esboçados rapidamente). Durante a troca, praticar a escuta silenciosa mútua, anotar o que foi dito, dizer o que foi compreendido, escutar a intenção e o sentido dado pelo autor que, ele mesmo, redescobrirá aspectos de seu desenho graças aos comentários que forem feitos.

O que fiz de meus erros? (complementação do Módulo 4: algo mais para responder e aproveitar melhor as respostas; conselhos para melhorar a forma de responder)

Esta pergunta tem grande importância, pois permite refletir e agir na tentativa de, ao reconhecer os erros, transformá-los. Para respondê-la é preciso:

1. ter situado, reconhecido e nomeado esses erros;
2. ter entrado na sua própria história (volta ao passado, com um ponto de apoio no aqui e agora);
3. ter se colocado em estado de evolução e não de prisão (o devir da imagem de si mesmo).

→ Escolher três situações de erro reconhecido, depois:

- contextualizar: onde? Quando?
- analisar: como? (processos, meios) por que (porque ...) e para que (com que finalidade)
- evocar a imagem desse erro: apresenta-se sob a forma de ...
- analisar a imagem: ela é dinâmica? estática? que orientação tem? quais os seus elementos componentes? que relações estão presentes? que relações estão ausentes?

→ como fazer evoluir essa representação para que ela se torne um elemento dinâmico em meu percurso?

A longo prazo

Explorar um conceito (complementação a longo prazo do trabalho metodológico do Módulo 3):

1. Identificar um conceito problemático ou vago no nosso sistema de referência (= temos dificuldade em identificá-lo, explicitá-lo, utilizá-lo ou a memorizá-lo).
2. Recolher as diferentes interpretações desse conceito entre pessoas de suas relações ou fazer uma pequena pesquisa. Anotar cuidadosamente quem diz o que, onde, quando, como.
3. Abrir uma ficha correspondente a esse conceito e ficar vigilante: anotar qualquer referência, citação, exemplo, situação etc, que se refira a ele. Anotar a data em que deu início à sua exploração.
4. Estimular duas ou três pessoas a fazer o mesmo. Comparar os dados coletados.
5. Deixar o questionamento agir. Um conceito amadurece quando é contextualizado. Anotar a data em que você passará do estágio de compreensão ao estágio de utilização. Anotar quando e como o conceito foi utilizado por você.

Espaço Lexical do Módulo 5

(Principais conceitos abordados. Alguns estão inscritos na tela, outros são ditos pelos entrevistados. O mediador pode, se considerar útil, introduzir outros conceitos. Os participantes podem, após a atividade, propor, eles também, outras palavras e noções que lhes parecer importante destacar no vídeo. Pode-se, assim, propor palavras concretas, depois verbos, em seguida adjetivos, ou com um grupo treinado, propor unicamente palavras abstratas.)

Aeon
amanhã
anotações
areia
atividade cerebral
bilhões
Chronos
cilada
compatibilidade
emergência
escolha verdadeira
esplendor
Eu
Kaïros
liberdade
maravilha a construir
mestre
métodos de aprendizagem
potencial de escolha
primata
reconhecer
selecionar
tecer
telepresença
tempo
trajetória
Tu
valores

Leituras para Aprofundamento

Propõe-se que os participantes abordem um campo específico e façam o relato ao grupo, do ponto de vista de um ou mais autores.

Escolher e decidir

BONO, E. de. *Réfléchir mieux (Refletir melhor)*. D'Organisation, trad. 1985.

______. *L'Atlas du décideur (O Atlas daquele que decide)*. Londreys, 1984.

BUZAN, T. *Une tête bien faite (Uma cabeça bem feita)*. D'Organisation, 1991.

______. *Dessine-moi l'intelligence (Desenha-me a inteligência)*. D'Organisation, 1995.

ISRAEL, L. *La decisión médicale (A decisão médica)*. Calmann-Lévy, 1981.

VARELA, F. em "Nascemos para Organizar" e "Nascemos para Criar Sentido", Módulos 3 e 4 deste volume.

Imagens mentais

DENIS, M. *Image et cognition (Imagem e cognição)*. PUF, 1989.

GARANDERIE, A. de la (dir). *Gestion mentale (Gestão mental)*. Colóqui de Angers, Centurion, 1991.

TROCMÉ-FABRE, H. *J'apprends, donc je suis (Aprendo, logo existo)*. Poche, D' Organisation 1994 (p. 70 >).

Imagem de si e desenvolvimento pessoal

ASSAGIOLI, R. *Psychosynthèse, pratiques et techniques (Psicossíntese, práticas e técnicas)*. trad. EPI, 1976.

CHOPRA, D. *La vie sans condition (A vida sem condição)*. Inter Editions, 1992.

LENHARDT, V. *L' analyse transactionnelle (Análise transacional).* Retz, 1980.

PERETTI, A. de (cf. op. cit.) *Technique de représentation de soi ou d'appartennance collective (Técnica de representação de si ou o pertencer coletivo).* Fiche n. 18, Les Amis de Sèvres, 1986, 3, n. 123, p 78-85.

SAINT-PAUL, J. *Choisir sa vie... avec la PNL (Escolher sua vida... com a PNL).* InterEditions, 1993.

Trajetórias e histórias de vida

BACH, R. Jonathan le goéland. Flammarion, 1973. (Fernão Capelo Gaivota....)

BILANS DE COMPETENCES. *Formation professionnelle continue (Formação profissional contínua).* Centre Inflo, 1989.

DESROCHES, H. *Entreprendre d'apprendre (Empreender* o *aprender).* Ed. Ouvrières, 1990.

PINEAU, G. & LE GRAND, J. L. *Les histories de vie. Que sais-je? (As histórias de vida. O que sei eu?).* 1993.

PINEAU, G., LIETARD, B. & CHAPUT (coord). *Reconnaitre les Acquis (Reconhecer as aquisições).* Mésonance, 1991.

______. *Reconnaitre et valider les acquis (Reconhecer e validar as aquisições).* Education permanente, 83-84.

ROBIN, G. *Guide de la reconnaissance des Acquis (Guia do reconhecimento das aquisições).* Ed. G. Vermette, 1991.

Técnicas de organização e de estruturação

BONO, E. de. *Réfléchir mieux (Refletir melhor).* D'Organisation, trad. 1985.

BUZAN, T. *Une tête bien faite (Uma cabeça bem feita).* D'Organisation, 1991.

ETTINGTON, J. E. *Savoir travailler en groupe (Saber trabalhar em grupo).* D'Organisation, trad. 1990.

Valores, sistemas de referência e avaliação

BARBIER, J. M. *L'évaluation en formation (A avalliação da formação).* PUF, 1985.

OUKNIN, M. A. *Bibliothérapie (Biblioterapia).* Seuil, 1994 (cf. conceitos de identidade e questionamento).

REBOUL. *Les valeurs de l'éducation (Os valores da educação).* PUF, 1992.

Vida

CHOPRA, D. *La vie sans condition (A vida sem condição).* Inter Editions, 1992.

JACQUARD, A. cf. obras citadas, especialmente *La légende de la vie.* Flammarion, 1992.

VELDMAN, F. *Haptonomie, science de l'affectivité (Haptonomia, ciência da afetividade).* PUF, 1989

Módulo 6

Nascemos para Inovar

entrevista com

J. D. Vincent, Georges Brunon, S. Desplats, J. P. Augier e C. Maestri

Não se trata apenas de "ir em frente", voltado para o futuro, mas de mergulhar nas profundezas, transpor o abismo, enlaçar finalmente a luz que nos espera: a estrela da manhã. Estrela da manhã: consciência nua daquele que era – daquele que É... O mesmo ontem, hoje e amanhã.
Quando "Isso" acontece conosco, recebe o nome de "Aquele que chega", "Aquilo que chega" e que tem um sabor de fonte sempre nova e sempre presente. O passado, o presente e o futuro do homem circulam entre um alfa e um ômega que imaginaremos cada vez mais inteligivelmente, com transdisciplinaridade, ou seja, com o respeito devido a uma origem e a um fim que podemos alcançar somente onde elas nos escapam. (...)

O Futuro está onde se começa.

Jean-Yves Leloup em
O Homem do Futuro, um Ser em Construção

6

Nascemos para Inovar

Objetivos do Módulo 6

Lembrar ao homem do Século XXI que sua natureza essencial reside na inovação. Em dado momento de seu percurso, na fase de criação, a seiva corre no interior da Árvore do Saber-Aprender.

Descobrir a presença do gesto criador que se encontra adormecido em nós. Explorar nossos "ainda não", nossos potenciais, em novas áreas.

Descobrir essa exigência existencial que é o dever de inovar. Interrogar-se sobre as condições necessárias à criação, as qualidades indispensáveis para criar, os motores para criar e as resistências à criação.

Mostrar que não há receitas para criar, trata-se de abrir-se a uma outra percepção de si mesmo e dos outros, assumir a sua biologia em vez de ser assumido por ela.

Instigar a ser ator e autor, criador, arquiteto e realizador de si mesmo e do mundo que nos cerca.

Especificidade e função do Módulo 6

Um neurobiólogo e testemunhas do gesto criador em diversas manifestações artísticas (pintura, música, escultura, dança) nos falam do processo desse gesto criador, de seu mistério, de sua emergência e de sua relação com o sentido.

Nesta sequência, o texto e as imagens entram numa nova relação: o gesto é uma linguagem em si. O gesto cria e se cria. As linguagens são plurais. O "poder dizer" de uma palavra, de uma frase, de um gesto, de um quadro, de uma música, de uma dança, é sua verdadeira realidade, mais do que o "querer dizer" que lhes atribuímos, a partir de nossas intenções e pontos de vista.

O apelo do corpo e a importância de habitar seu corpo, de "corporalizar" aquilo que aprendemos, como salientara F. Varela nos Módulos 3 e 4, assume aqui seu significado integral.

A borboleta se forma no interior e não no exterior da lagarta. (J. Guesné)

A metodologia de acompanhamento coloca novamente os participantes no centro de sua própria exploração. O trabalho se efetiva em torno dos temas do ato da criação, dos processos e condições favoráveis para criar, das invenções da arte, da linguagem, da memória e do imaginário.

Desta vez, o trabalho bibliográfico proposto por tema, imbrica-se nas atividades para encorajar a pesquisa pessoal, a abertura, a troca e a tolerância diante das divergências entre os pontos de vista.

Desenvolvimento da prática ternária.

Prolongando a exploração

Propor uma breve reflexão sobre as palavras "inovação", "criação" (para a arte), "descobertas" (para a ciência), "invenções" (para a tecnologia), e identificar as nuances, os diferentes campos e o nível de análise em que nos colocamos.

Fazer o inventário dos verbos (isto é, dos atos) criados pela língua materna relativos ao conceito de criação: inovar, inventar, adaptar, transformar, diferenciar, enriquecer, integrar o inesperado.

Relacionar essas palavras entre si, por meio de um esquema heurístico (cf. T. Buzan na bibliografia abaixo).

Bibliografia

O modelo a que nos referimos aqui é... a Vida

Buzan, T. *Une tête bien faite (Uma cabeça bem feita).* D'Organisation, 1995.

______. *Dessine-moi l'Intelligence (Desenha-me a inteligência) D' Organisation,* 1995.

Cuny, J. P. Les inventions de la vie (As invenções da vida). 4 filmes de vídeo, Production A2/Canal+, 1990.

Jacquard, A. *La légende de la Vie (A lenda da Vida).* Flammarion, 1992.

Stevens, P. S. *Les formes dans la Nature (As formas na Natureza).* Seuil, 1978.

Caberá aos participantes escolher e explorar uma das atividades propostas abaixo. O grupo compartilhará as descobertas e o questionamento de cada um.

Definições (1)

Entre as citações abaixo (e as que tiverem sido propostas pelos participantes), quais as que mais se aproximam do que você pensa? Em quê? E por quê? Insistir sobre as referências e indícios que justificam a escolha (o que me/lhe faz dizer que ...) Para o mediador: distribuir cópias das frases ou projetá-las em transparências.

- Cada homem é uma criatura nova no mundo. Sua primeira tarefa reside na atualização de suas possibilidades, sem precedentes e jamais renovadas. (Martin Buber)
- Cada homem tem a obrigação de criar a si mesmo, renovando o sentido e o seu sentido. (M. A. Ouaknin)
- Criar implica a memória do futuro. (J. D. Vincent)
- Já imaginamos que sentir-se vivo é criar, realizar uma obra? (G. Brunon)
- Criar é desatar uma angústia. (G. Bachelard)
- Criar é estar no instante. (J. D. Vincent)

- Criar é fazer brotar alguma coisa que não existia. É estabelecer a relação entre a fonte viva do espaço e do tempo, e a consciência do eu. (G. Brunon)
- Criar é a vontade de reconstruir o mundo. (D. W. Winnicott)
- A criação é a maneira de participar da ordem da existência (escapar da morte). Ela é transcendência. (R. Garaudy)
- Criar é dar forma a idéias novas, é a passarela entre a idéia e a forma. (Platão)
- Criar é intensificar sua relação com o mundo. (G. Brunon)
- O homem não tem somente o direito de inovar, ele tem o dever de fazê-lo. (M. A. Ouaknin, citando R. Nachman de Bratzlav)
- O cérebro é uma invenção do ser vivo. (J. D. Vincent)
- A criação é o prolongamento do ser.
- Criar dá ao indivíduo o sentimento de que a vida vale a pena ser vivida.

Definições (2)

Em que nível você coloca as definições do ato criador?

- descrevem uma ou mais características da criação (sua natureza)?
- atribuem um papel à criação (sua função)?
- estabelecem regras, limites à criação (seu estatuto)?

Em relação às 3 facetas propostas para definir um conceito (natureza, função, estatuto), buscar outras características, funções, estatutos que você atribui pessoalmente à criação e às palavras semelhantes mas distintas (1ª atividade acima). Ilustrar com um exemplo preciso, contextualizado no espaço e no tempo.

Bibliografia

Arendt, H. *La condition de l'homme moderne (A condição do homem moderno).* Calmann-Lévy, 1961,

Bachelard, G. *La terre et les rêveries de la volonté (A terra e os devaneios da vontade).* J. Corti, 1948.

Brunon, G. *L'art et le vivant (A arte e o ser vivo).* Dangles, 1982.

Buber, M. *Le chemin de l'homme (O caminho do homem).* Du Rocher, 1989.

Garaudy, R. *Danser sa vie (Dançar a vida).* Seuil, 1973.

Ouaknin, M. A. *TsimTsoum.* Albin Michel, 1992.

Vincent, J. D. entrevista no Módulo 6.

Winnicott, D. W. *Jeu et réalité (Jogo e realidade).* Gallimard, 1971.

Condições e processos de criação

1. Para VOCÊ, quais as condições favoráveis à SUA criação (lugar, momento, contexto, meios)? Para VOCÊ, quais são os freios e os obstáculos à criação?
2. De que frases abaixo você se sente mais próximo (1) e mais distante (2)? Por quê? (distribuir cópias da lista ou projetar transparência)

- Para criar, é preciso um espaço de liberdade em que

acaso e necessidade se encontram e se fertilizam. (H. Reeves)

- O corpo é o grande teatro do cérebro. (J. D. Vincent)
- O enigma é um poderoso motor da criatividade. (M. Locquin)
- Esquecer tudo o que aprendemos (X, Y... e Z).
- Dispondo dos acasos de sua própria existência, o homem oferece a si próprio a aurora de uma capacidade de invenção e de inovação. (M. A. Ouaknin)
- Todo ato criativo implica uma nova inocência de percepção, liberada da profusão das crenças aceitas. (A. Huxley)
- O acaso pode ser criador, a criação pode se processar ao acaso. (H. Atlan)
- Pela arte de amar, as pessoas criativas estão em relação criativa com as coisas e as pessoas. (E. Fromm)
- Os fractais são motores de criatividade. (M. Locquin define os fractais como estruturas não-indivisas cujos contornos não podem ser estimados. Um exemplo: a borda de uma piscina para uma formiga!)

(Lista passível de ser complementada com as frases descobertas ao longo das leituras feitas pelos participantes.)

Bibliografia

Atlan, H. in Nouvel Observateur, 17.02.93.

Bono, E. de. *Réfléchir mieux (Refletir melhor).* D'Organisation, 1985.

Fromm, E. cité par Hampden-Turner, C. *Atlas de notre cerveau (Atlas de nosso cérebro).* D'Organisation, 1990.

Hampden-Turner, C. op. cit. As "cartas" ou capítulos 27 a 31.

Huxley, A. *Les portes de la perception (As portas da percepção).* Coll.10/18, 1977.

Langer, E. *L'esprit en éveil (O espírito em alerta).* InterEditions, 1990.

Locquin, M. *Découvertes, Chimères et Catastrophes (Descobertas, quimeras e catástrofes).* Centre de Recherche Imaginaire et Création, Université de Savoie, 1985.

Ouaknin, M. A. op. cit.

Reeves, H. *Malicorne.* Seuil, 1990.

Vincent, J. D. *Biologie des passions (Biologia das paixões).* O. Jacob,1986.

Quando Picasso, acabou de desenhar rapidamente um toureiro diante de um touro, alguém disse:

– É maravilhoso, você fez esse desenho em 5 minutos!

Picasso respondeu:

– Não, levei toda a minha vida para fazê-lo!

Características do indivíduo "criativo"

1. Recolher as representações dos participantes a respeito do perfil de um indivíduo "criativo": como o vêem? (vocês o conhecem ou o imaginam assim?)

2. Comparar esse perfil com o que diz Howard Gruber (Universidade de Boston), que estudou o processo de criação de "grandes homens criativos" (Darwin, Newton, Piaget etc). Embora cada processo seja único,

pode-se agrupar os traços característicos de cada um, estabelecendo-os como traços comuns aos criativos:

- A utilização de imagens de grande alcance (simbolismo forte).
- Uma cultura extensa + uma área em que os conhecimentos sejam bem precisos.
- Uma vontade de ferro, uma obstinação pelo trabalho durante longos períodos. Para eles, o trabalho é um jogo.
- A capacidade de colocar um problema entre parênteses, o que traduz a aceitação de correr riscos e a confiança no seu próprio empreendimento.
- Um objetivo de alto nível de aspiração constantemente presente; eles sabem para onde vão; as etapas encontram-se sob controle.
- Aceitação do desconforto causado por um julgamento oposto por parte de seus pares.

E VOCÊ, como representa (por um desenho rápido) SUA relação com o "ainda não criado", com o "ainda não descoberto", com o desconhecido? (Escolher um dos termos; eles não são sinônimos.)

Perguntar a alguém do grupo se aceita (1) revelar seu perfil, (2) receber os comentários dos membros do grupo e, somente depois, (3) dizer o que quis exprimir. É uma maneira de atenuar as fronteiras entre o "querer dizer" e o "poder-dizer".

3. As Biografias de criadores, descobridores, artistas, "operários" de todo o tipo constituem recursos férteis para se compreender o longo processo de maturação que culmina com a criação e o "eureka".

Quem no grupo aceita explorar uma dessas biografias sob o ângulo do processo e do andamento das conquistas?

As livrarias podem fornecer títulos de biografias de artistas, pesquisadores, inventores.

Bibliografia

Eis alguns títulos no campo da biologia

Bovet, D. (Nobel) *Une chimie qui guérit (Uma química que cura).* Payot, 1989.

Crick, F. (Nobel) *Une vie à découvrir (Uma vida a ser descoberta).* O. Jacob, 1989.

Fox Keller, E. *L'intuition du vivant (A intuição do ser vivo).* Biographie de B. McClintock, Nobel, Tierce Science, 1989.

Jacob, F. *La statue intérieure (A estátua interior).* O. Jacob, 1987.

Jacquard, A. *Idées reçues (Idéias recebidas).* Flammarion, 1989.

Atividades "de longa duração"

No seu próprio campo de ação ou de interesse (línguas, historia, geografia, física, biologia, química, arte etc), procurar as inovações ou as descobertas importantes do século XX. Que impacto tiveram sobre a vida cotidiana, social, política, econômica?

Bibliografia

Élements d'Histoire des Sciences (Elementos de História das Ciências). dir. Michel Serres, Bordas, 1989.

cf. Trocmé-Fabre, H. *J'apprends, donc je suis (Aprendo, logo existo).* p. 190-191, D'Organisation, 1987 e 1994.

cf. também em *La pédagogie aujourd'hui (A pedagogia hoje)*. Dunod, 1996, no capítulo "Biologie, Neurosciences, Sciences Cognitives" onde estão inventariados os "mais importantes dossiers do ser vivo" que nos interpelam sobre aquilo que fazemos em nossas práticas pedagógicas com as descobertas da biologia.

A invenção da arte

Pesquisar o que dizem da sua arte os que praticam a pintura, a escultura, a música, a dança etc. A arte do artesão e a arte do artista são distantes uma da outra?

Bibliografia

Garaudy, R. *Danser sa vie (Dançar a vida)*. Seuil, 1973.

Hoppenot, D. *Le violon intérieur (O violino interior)*. Van de Velde, 1981.

Klee, P. *Théorie de l'art moderne (Teoria da arte moderna)*. Denoël Gonthier, 1977.

Maestri, C. Balade n. 1, Flûtes, CD (Maestri, Rue V. Barel, 06510 Gattières); Balade n. 2, Flûte, CD; Balade n. 3, Flûte et guitare, CD (a ser editado).

Rapin, J. J. *À la découverte de la musique (Para descobrir a música)*. Hachette, 1973. (Tomo 1. Les instruments; Tomo 2. Les formes, les oeuvres)

Sloboda, J. *L'esprit musicien: la psychologie cognitive de la musique (O espírito musical: a psicologia cognitiva da música)*. Mardaga, 1989.

Vigouroux, R. *La fabrique du beau (A fábrica do belo)*. O. Jacob, 1992.

A invenção da linguagem

Orientar a reflexão para uma "volta às origens" das duas

grandes dimensões da linguagem: a língua oral e a escrita. Buscar (1) os traços do aparecimento dessas duas invenções extraordinárias na história da humanidade (2) e o que elas se tornaram hoje: que fizemos com elas? Esse trabalho permitirá que os formadores e professores posicionem as atividades de aprendizagem numa dinâmica de evolução e de desenvolvimento.

Bibliografia

Andreewsky, E. *Cognition et langage, in Systémique et Cognition, chap. 3 (Cognição e linguagem, em Sistêmica e Cognição, cap. 3)*. Dunod, 1991.

Besse, JM et al. *L'illétrisme en questions (O iletrismo em questão)*. PUF Lyon, 1992.

Bing, E. *Et je marchais jusqu'à la page (E eu caminhava até a página)*. Des Femmes, 1976.

Bottero, J. *Mésopotamie, l'écriture, la raison et les dieux (Mesopotâmia, a escrita, a razão e os deuses)*. Gallimard, 1987.

Cyrulnik, B. *Mémoire de singe et paroles d'homme (Memória de macaco e palavras de homem)*. Hachette, 1983.

Goody, J. *Entre l'oralité et l'écriture (Entre a oralidade e a escrita)*. PUF, 1994.

Gusdorf, G. *Les écritures du moi (As escritas do eu)* (Tome 1) e *Autobiographie* (Tome 2), O. Jacob, 1991.

Hagège, C. *L'homme de parole (O homem de palavra)*. Fayard, 1985.

Kerckove, D. de. *La civilisation vidéo-chrétienne (A civilização vídeo-cristã)*. Retz, 1990.

Kristeva, J. *Le langage, cet inconnu (A linguagem, esta desconhecida)*. Seuil, Points, 1981.

Lahire, B. *Culture écrite et inégalités scolaires (Cultura escrita e desigualdades escolares)*. PUF Lyon, 1993.

Ledru-Menot, O. *Oralité et communications (Oralidade et comunicações).* Rev. Intercultures n. 23, Nov-Dec. 1993.

Pommier, G. *Naissance et renaissance de l'écriture (Nascimento e renascimento da escrita).* PUF, 1993.

Rondeleux, L. J. *Trouver sa voix (Encontrar sua voz).* Seuil, 1997.

Sacks, O. *Des yeux pour entendre, Voyage au pays des sourds (Olhos para ouvir, viagem ao país dos surdos).* Seuil, 1990 (linguagem de sinais).

Serratrice, G. et Habib, M. *L'écriture et le cerveau (A escrita e o cérebro).* Masson, 1993.

Trocmé-Fabre, H. *Lire, une longue histoire d'interface et un acte neuro-culturel, em colaboração. "Petite Enfance, éveil au savoir" (Ler, uma longa história de interface e um ato neurocultural, em colaboração. "Primeira infância, despertar para o saber").* La Documentation Française, 1993.

Vygotski, L. S. *Pensée et langage (Pensamento e linguagem).* Editions Sociales, 1985.

A invenção da memória

É o título de uma obra de I. Rosenfield (v. Bibliografia) que considera que o conceito de memória deve ser "revisitado". É também uma maneira de expressar o fato de que nossa memória cria e nos cria. A "verdadeira" memória é algo bem diferente da memorização de listas de palavras, números de telefones, horários de trem etc. A verdadeira memória nos revela nosso ser profundo, nos faz encontrar nossos diferentes "eus" nos diferentes tempos que trazemos em nós. É, ainda, um meio de produzir a nossa biologia em vez de ser produzido por ela.

Re-esboçar nossas memórias

A atividade aqui proposta (adaptada de J. Houston, cf.

Bibliografia) não visa provar que, em dez minutos podemos nos tornar "mnemonistas", mas evocar nossos espaços e nossas durações e nos mostrar que podemos estar presentes no continuum de nossa vida, integrar etapas passadas, explorar sua ressonância, e reconciliarmo-nos com as diferentes idades de nossa vida.

(O exercício deve ser praticado antes pelo mediador. Certos participantes podem vivê-lo profundamente.)

Em dupla (A e B): B está em posição relaxada, os olhos fechados, a respiração regular. A guia B e faz as perguntas indicadas (a cada 2 minutos aproximadamente). B reage às questões por *flashs* rápidos (nada de relatos muito longos, indicar simplesmente o lugar, as circunstâncias, as pessoas e os parâmetros do mundo físico: tamanho, cor, dimensão, distâncias etc).

A propõe a B:

conte-me, na sua infância... uma criancinha...

conte-me, na sua infância... uma velha senhora...

conte-me, na sua infância... o que você gostava de comer...

conte-me, na sua infância... um mestre, na escola, ou um adulto de quem você gostava muito...

conte-me, na sua infância... a casa em que você morava...

conte-me, na sua infância... quando você subiu numa árvore ou se escondeu...

conte-me, na sua infância... uma roupa que você gostava de vestir...

conte-me, na sua infância... um par de sapatos que você calçava...

conte-me, na sua infância... uma viagem com outras pessoas...

conte-me, na sua infância... uma frase que você ouviu...

B abre suavemente os olhos, depois os papéis se invertem.

A relaxa, respira calmamente.

B propõe a A:

conte-me, na sua infância... uma bola ou um brinquedo que possuía...

conte-me, na sua infância... quando você ia comprar alguma coisa na padaria...

conte-me, na sua infância... quando você brincava na água...

conte-me, na sua infância... quando você cantava uma canção (cante-a em pensamento)...

conte-me, na sua infância... um aniversário...

conte-me, na sua infância... uma menininha...

conte-me, na sua infância... um senhor idoso...

conte-me, na sua infância... alguma coisa que tinha um cheiro bom...

conte-me, na sua infância... um personagem de um livro (ou de um filme)...

A abre suavemente os olhos

O exercício seguinte deve ser construído pelo mediador. Ele sugere que se recorde (rapidamente, em *flash*) o que foi feito naquela manhã, na véspera, à mesma hora, na semana anterior, uma solução positiva para uma situação difícil, um acontecimento do ano precedente, um acontecimento mundial, o primeiro amigo, o primeiro amor, o primeiro dia na escola etc. Aos poucos, ao recuar no tempo, serão recordados fatos históricos e a cultura compartilhada pela humanidade (evitar referências muito particulares, próprias de uma região, como, no caso dos franceses, os "ancestrais gauleses", Napoleão etc).

Em geral, uma experiência de "recentramento" como esta provoca uma sensação de clareza e renovação próximas da acuidade sensorial da infância reencontrada. Oferecer aos participantes uma oportunidade de compartilhar a experiência vivida, sem obrigação de exprimir-se, se alguns preferirem ficar em silêncio.

Bibliografia

Edelman, G. *Biologie de la conscience (Biologia da consciência).* O. Jacob, 1992.

Houston, J. *L'homme en devenir (O homem em devir).* Le Jour, 1986.

Rose, S. *La mémoire, des molécules à l'esprit (A memória, das moléculas ao espírito).* Seuil, 1994.

Rosenfield, I. *L'invention de la mémoire (A invenção da memória).* EsHel, 1989.

Vincent, J. D. *Biologie des passions (Biologia das paixões).* O. Jacob, 1986.

A Invenção do Imaginário

As imagens mentais são uma criação de nosso cérebro e constituem um instrumento cognitivo. Sejam elas visuais, auditivas, cinestésicas ou uma combinação dessas modalidades, atualizam nosso pensamento, nossa vida mental. Participam da memorização (referir-se à atividade precedente), de nossos sonhos, emoções, projetos. Constroem nossa identidade. Podem nos aprisionar quando retornam sem cessar, ou nos libertar do tempo e do espaço quando sonhamos e criamos um contexto de paz e felicidade.

1. Um teste (tão velho quanto o mundo) para avaliar nossa agilidade de imaginação: pensar em 10 coisas impossíveis, de manhã, antes do café da manhã...

2. Atividade (adaptada de J. Houston, op. cit.): o mediador deverá experimentar a atividade antes de propô-la. O texto será lido por ele lentamente. Os participantes ficarão de olhos fechados até o fim.

Sentados confortavelmente, de olhos fechados, respiração calma e regular, dirigir a atenção para o lado direito do cérebro, depois para o lado esquerdo. Várias vezes. Depois, ainda de olhos fechados, deixar vir as imagens, sem fazer esforço. De modo alternado, imaginar:

o número 1 no hemisfério esquerdo	a letra A no hemisfério direito
o número 2 no esquerdo	a letra B no direito
o número 3 no esquerdo	a letra C no direito
etc.	etc.

Repouso: Relaxar de toda tensão, depois inverter o processo. Imaginar as letras à esquerda e os números à direita.

Repouso: Observar (de olhos fechados): de que lado as letras e os números se inscrevem mais claramente?

Continuar imaginando:

À esquerda	*À direita*
Um átomo	Uma galáxia
Árvores em flor	Árvores sob a neve
O sol nascendo	O sol se pondo
Uma floresta espessa	Uma montanha rochosa
A sensação de mergulhar a mão em banho quente	As mãos nuas na água gelada
Uma buzina de carro	O som de gafanhotos na grama
O som de uma serra elétrica	Uma voz grave que canta
O perfume de um buquê de rosas	O odor do café fresco moído
O gosto do limão	O gosto do açúcar

E agora, com o máximo de precisão possível, imaginemos, no hemisfério esquerdo, que atravessamos a pé uma extensão de neve, apertando contra nós um animalzinho macio e quente, saboreando uma bala de menta. E no hemisfério direito, imaginemos que é noite e estamos sob uma cascata, cantando nosso canto favorito, olhando, ao longe, os relâmpagos de uma tempestade...

Repouso. Observamos (os olhos sempre fechados).

No meio da testa, imaginamos um imenso girassol, para apagá-lo em seguida.

Imaginamos uma harpa dourada, tentamos ouvir seu

som. Em seguida, apagamos essa imagem.

E agora: imaginamos nosso cérebro. Com que se parece? Tentemos imaginá-lo em sua imensa complexidade, com todas as possibilidades de conexões, de frente para traz, da esquerda para a direita, de alto a baixo e de baixo para cima...

E agora, escutamos nosso cérebro: ele tem alguma mensagem para nós? Palavras, uma frase, imagens, sensações, uma emoção? Qual a reivindicação, qual a oferta desse companheiro, desse aliado que é o nosso cérebro?

Repouso. Abrir suavemente os olhos quando a mensagem estiver clara.

Enfatizar que este exercício age sobre a circulação sanguínea cerebral, ativando todas as regiões do cérebro, sendo com frequência seguido de uma maior acuidade de compreensão. Ele mostra, sobretudo, que os dois hemisférios são capazes de "*performances*" semelhantes e que só precisam ser treinados. A memória é também uma questão de "manutenção".

Bibliografia

Denis, M. *Image et Cognition (Imagem e Cognição).* PUF, 1989.

Houston, J. *L'homme en devenir, découvrez, exploitez et orchestrez vos ressources latentes (O homem em devir, descubram, explorem e orquestrem seus recursos latentes).* Le Jour, 1986.

Marechal, I. A. *Sciences et Imaginaire (Ciências e imaginário).* A. Michel, 1994.

Peronnet, F. & Farah, M. *Implication du système visuel dans l'imagerie mentale,* in *Psychologie et cerveau (Implicação do sistema visual no imaginário mental,* em *Psicologia e cérebro).* dir. X. Seron, PUF, 1989.

Sergent, J. *Les dilemmes de la gauche et de la droite: opposition, cohabitation ou coopération?* in *Psychologie et cerveau (Os dilemmas da esquerda e da direita: oposição, cohabitação ou cooperação?* em *Psicologia e cérebro).* PUF, 1989.

Espaço Lexical do Módulo 6

A lista será feita pelo próprio mediador, de acordo com os interesses específicos do grupo ou de certos participantes. A escolha pode ser feita levando-se em conta um certo tipo de palavras (abstratas, concretas...) ou uma determinada área (memória, neurotransmissores, criação...)

Leituras para Aprofundamento

Andreewsky, E. *Cognition et langage,* in *Systémique et Cognition, chap. 3 (Cognição e linguagem,* em *Sistêmica e Cognição, cap. 3).* Dunod, 1991.

Arendt, H. *La condition de l'homme moderne (A condição do homem moderno).* Calmann-Lévy, 1961.

Augier, J. P. *Transfigurations (Transfigurações).* vídeo K7. J. P. Augier, St. Antoine de Siga, 06670, Levens.

Bachelard, G. *La terre et les rêveries de la volonté (A terra e os devaneios da vontade).* J. Corti, 1948.

Besse, JM *et al. L'illétrisme en questions (O iletrismo em questão).* PUF Lyon, 1992.

Bing, E. *Et je marchais jusqu'à la page (E eu caminhava até a página).* Des Femmes, 1976.

Bottero, J. *Mésopotamie, l'écriture, la raison et les dieux (Mesopotâmia, a escrita, a razão e os deuses).* Gallimard, 1987.

Bovet, D. (Nobel) *Une chimie qui guérit (Uma química que cura).* Payot, 1989.

Brunon, G. *L'art et le vivant (A arte e o ser vivo).* Dangles, 1982.

Buber, M. *Le chemin de l'homme (O caminho do homem).* Du Rocher, 1989.

Buzan, T. *Une tête bien faite (Cabeça bem feita).* D'Organisation, 1995

______. *Dessine-moi l'Intelligence (Desenha-me a inteligência).* D'Organisation, 1995.

Changeux, J. P. *Raison et plaisir (Razão e prazer).* O. Jacob, 1994.

Crick, F. (Nobel). *Une vie à découvrir (Uma vida a ser descoberta).* O. Jacob, 1989.

Cuny, J. P. *Les inventions de la vie (As invenções da vida).* 4 vídeos, Production A2/Canal+, 1990.

Cyrulnik, B. *Mémoire de singe et paroles d'homme (Memória de macaco e palavras de homem).* Hachette, 1983.

Denis, M. *Image et Cognition (Imagem e Cognição).* PUF, 1989.

Fox Keller, E. *L'intuition du vivant (A intuição do ser vivo)*, biographie de B. McClintock, Nobel, Tierce Science, 1989.

Garaudy, R. *Danser sa vie (Dançar a vida)*. Seuil, 1973.

Goody, J. *Entre l'oralité et l'écriture (Entre a oralidade e a escrita)*. PUF, 1994.

Gusdorf, G. *Les écritures du moi (As escritas do eu)* (Tomo 1) e Autobiographie (Tomo 2). O. Jacob, 1991.

Hagège, C. *L'homme de parole (O homem de palavra)*. Fayard, 1985.

Hoppenot, D. *Le violon intérieur (O violino interior)*. Van de Velde, 1981.

Houston, J. *L'homme en devenir, découvrez, exploitez et orchestrez vos ressources latentes (O homem em devir, descubram, explorem e orquestrem seus recursos latentes)*. Le Jour, 1986.

Jacob, F. *La statue intérieure (A estátua interior)*. O. Jacob, 1987.

Jacquard, A. *Idées reçues (Idéias recebidas)*. Flammarion, 1989.

______. *La légende de la Vie (A lenda da vida)*. Flammarion, 1992.

Kerckove, D. de. *La civilisation vidéo-chrétienne (A civilização vídeo-cristã)*. Retz, 1990.

Klee, P. *Théorie de l'art moderne (Teoria da arte moderna)*. Denoël Gonthier, 1977.

Kristeva, J. *Le langage, cet inconnu (A linguagem, esta desconhecida)*. Seuil, Points, 1981.

Lahire, B. *Culture écrite et inégalités scolaires (Cultura escrita e desigualdades escolares)*. PUF Lyon, 1993.

Ledru Menot, O. *Oralité et communications (Oralidade et comunicações)*. Rev. Intercultures n. 23, Nov-Déc. 1993.

Maestri, C. Balade n. 1, Flûtes, CD (Maestri, Rue V. Barel, 06510, Gattières); Balade n. 2, Flûte, CD; Balade n. 3, Flûte et guitare, CD (a ser editado).

Marechal, I. A. *Sciences et Imaginaire (Ciências e imaginário)*. A. Michel, 1994.

Ouaknin, M. A. *TsimTsoum*. Albin Michel, 1992.

Peronnet, F. & Farah, M. *Implication du système visuel dans l'imagerie mentale*, in *Psychologie et cerveau (Implicação do sistema visual no imaginário mental*, em *Psicologia e cérebro)*. dir. X. Seron, PUF, 1989.

Pommier, G. *Naissance et renaissance de l'écriture (Nascimento e renascimento da escrita)*. PUF, 1993.

Rapin, J. J. *À la découverte de la musique (Para descobrir a música)*. Hachette, 1973. (Tomo 1. Les instruments; Tomo 2. Les formes, les oeuvres)

Sergent, J. *Les dilemmes de la gauche et de la droite: opposition, cohabitation ou coopération?* in *Psychologie et cerveau (Os dilemmas da esquerda e da direita: oposição, cohabitação ou cooperação?* em *Psicologia e cérebro)*. PUF, 1989.

Sloboda, J. *L'esprit musicien: la psychologie cognitive de la musique (O espírito musical: a psicologia cognitiva da música)*. Mardaga, 1989.

Stevens, P. S. *Les formes dans la Nature (As formas na natureza)*. Seuil, 1978.

Vigouroux, R. *La fabrique du beau (A fábrica do belo)*. O. Jacob, 1992.

Vincent, J. D. entrevista no Módulo 6.

Winnicott, D. W. *Jeu et réalité (Jogo e realidade)*. Gallimard, 1971.

Módulo 7

Nascemos para Trocar

entrevista com

Bertrand Schwartz

Em um primeiro passo para apagar a fronteira entre mim e minha cópia dentro de mim mesmo, comecei a ver a palavra "fronteiras" não como muros e fim, mas, ao contrário, como janelas e início de um outro caminho, de um outro conhecimento, de uma outra busca e de uma outra dependência. Foi assim que surgiu, pouco a pouco em mim, do outro lado das fronteiras, um lado na frente do eu que é o outro. Este outro tornou-se, com o tempo, do outro lado das fronteiras, não um sinal de divisão ou de oposição ou de contradição, mas, ao contrário, um sinal de afetividade, de complementaridade e de unidade.

Adonis em
O Homem do Futuro, um Ser em Construção

7

Nascemos para Trocar

Objetivos do Módulo 7

Lembrar que formar é investir (e investir-se); aprender é inventar-se; aquele que aprende não pode ser senão ator e autor de sua própria aprendizagem.

Mostrar que, para que o ato de aprender seja reconhecido na sua totalidade, é preciso re-avaliar a avaliação, refundamentar os critérios de validação; deixar espaço para as transições, para o recuo, para a antecipação, para o questionamento; proporcionar os meios para aprender, descobrir-se, re-conhecer-se como um ser em movimento, em devir.

Re-abrir o debate sobre a alternância, o tutorado, a qualificação, a educação permanente à luz das exigências atualmente impostas pela problemática do "homem que aprende numa sociedade que aprende".

Alimentar um questionamento permanente e sem fronteiras sobre o ato de aprender e de ensinar, sobre o papel dessa troca dialógica para o equilíbrio de uma sociedade digna desse nome.

Uma única miséria basta para condenar uma sociedade. (Charles Péguy)

É preciso confrontar-se dignamente com a questão das questões: o que recebemos, o que demos? (Monette Vacquin)

Eu me revolto, logo existimos. (A. Camus)

Especificidade e função do Módulo 7

Esta última sequência de *Nascemos para Aprender* corresponde à sétima e última etapa do saber-aprender, o saber-trocar. Este espaço e este tempo permitem uma abertura para a realização social, a reciprocidade, a obra em comum. É também a etapa que abre o caminho para a autonomia, momento em que cada um comanda sua própria compreensão e seu saber-comunicar.

No vídeo, Bertrand Schwartz fala das diversas ações que desenvolveu, durante 35 anos, em diferentes áreas, todas inspiradas em sua convicção de que hoje se faz necessário um novo olhar sobre o contexto atual da formação.

Como definir esse novo olhar? Qual a melhor maneira para acompanhar o nosso tempo?

Como devolver a um jovem a vontade e o desejo de se formar se ele não pôde, durante os seus anos de escolaridade, descobrir sua capacidade de explorar, de agir, de se construir?

Como desenvolver uma estratégia de autonomia e como despertar a responsabilidade?

Quais as ciladas a evitar, os erros que não se deve cometer na relação com os jovens?

Qual o caminho mais seguro para a qualificação?

O que significa "educar pela vida, através da vida, para a vida"?

A metodologia de acompanhamento se propõe a alimentar a reflexão e o questionamento para desenvolver nos formadores uma atitude de busca verdadeiramente participante e concretizar assim a idéia de que a pedagogia não se faz de cima para baixo, mas com seus próprios atores.

Recapitulação do procedimento ternário proposto nos módulos precedentes.

1. Atividades antes de assistir o vídeo «T menos 1»

Fazer o levantamento de nossas representações, de nossas concepções de "troca", de nossos hábitos, de nosso questionamento (o que é trocar? o que trocamos? como trocamos? o que gostaríamos de explorar em relação à troca?).

O mediador distribui cópias de uma lista contendo os conceitos-chave recolhidos por ele na intervenção de B. Schwartz ou na fala dos diferentes testemunhos (jovens operários num canteiro de obras, na fábrica, o tutor, o coordenador etc).

2. Assistir o vídeo «T»

3. Atividades de aprofundamento para depois de assistir o vídeo «T mais 1»

Proceder em 3 etapas:

a) verificar o que se pode lembrar da primeira leitura (testar a memória);

b) buscar no vídeo os elementos para resposta (qual a contribuição das leituras plurais?);

c) comparar as reações no grupo.

1) Identificar as diferentes áreas abordadas por B. Schwartz.

2) Onde se situa a dinâmica capaz de elaborar um novo olhar sobre a formação? Em que consiste?

3) Quais as palavras-chave dessa dinâmica?

4) Quais as expressões, as idéias, os exemplos que vão ajudar a modificar o meu/o nosso ponto de vista (sobre a alternância, a autonomia, o saber etc)?

5) Encontrar os contextos das palavras-chave (o Espaço Lexical deve ser elaborado pelo mediador).

6) Escolher para aprofundamento um dos conceitos abordados no vídeo (enriquecer a ficha da lista pessoal e o banco de dados coletivo, cf. Módulo 3, p. ......): escuta; saber; autonomia; educação permanente; alternância; busca participante; disfuncionamento; despertar da responsabilidade etc.

7) Posicionar seu próprio questionamento em relação a uma mudança na sua prática pedagógica (que elemento, que fator, que relação será forjada pela mudança como algo que se trabalha sobre uma bigorna?).

8) Prolongamento bibliográfico: explorar um conceito em particular. Ler a obra buscando "como o autor fala de ...".

- **a escuta**: B. Schwartz: *Moderniser sans exclure*
- **o saber**: Cl. & M. Hébert-Suffrin: *Le cercle des savoirs reconus*
  M. Authier, P. Lévy: *Les arbres de connaissances*
  Jacques Schlanger: *La situation cognitive*
  Judith Schlanger: *na Revue Diogène n. 169, Qu'est-ce qu'on ne sait pas?*
- **a troca**: Cl. & M. Hébert-Suffrin: *Appels aux Intelligences*

  G. Baumgratz-Gangl: *Compétences transculturelles et échanges éducatifs*
- **a exclusão**: P. Bourdieu et al.: *La misère du monde*
  M. F. Freynet: Les médiations du travail social, contre l'exclusion, (re)construire les liens
- **a autonomia**: Ph. Carré: L'autoformation dans la Formation Professionnelle
  M. F. Freynet: op. cit.
- **o acompanhamento**: Ph. Carré: op. cit.
- **a formação inovadora**: J. Favry: *Formation à l'évolution des emplois*
- **as competências**: B. Rey: *Les compétences transversales en question*

Prolongando a exploração

Chegou a hora de se propor um prolongamento da reflexão sob forma de pistas para busca. Essas pistas se enriquecerão com a contribuição das atividades propostas nas sequências precedentes, permitindo que os formadores forjem suas próprias respostas nas situações pedagógicas das quais participam.

Entrar no espaço dos pontos de vista

Questionar as pessoas que participam da nossa vida pessoal e profissional, recolhendo suas diferentes representações sobre:

- o conceito de ofício:

  Que relação se estabelece entre "ofício", "trabalho", "profissão", "emprego" etc?

- o conceito de contrato em pedagogia:

  Que relação tem a palavra "contrato" com "convenção", "acordos", "negociações", "engajamento"? Que lugar destinar à pedagogia pela mediação?

- O conceito de autonomia na aprendizagem:

  Que elo estabelecer com os outros conceitos de autoformação, autodidaxia, autonomização, autodesenvolvimento, autoeducação, aprendizagem autodirigida etc?

- A compreensão das situações de não-aprendizagem: Que relações estabelecemos com os verdadeiros determinantes (econômicos, sociais, cognitivos, afetivos etc) das situações de não-aprendizagem e os mecanismos que tornam difícil o ato de aprender, até mesmo impossível? (cf. as obras de M. Knowles, *L'apprenant adulte [O aprendiz adulto]*; Ph. Carré, *L'autoformation dans la formation professionnelle [A autoformação na formação profissional]*; Henri Desroche, *Entreprendre d'apprendre [Disposição para aprender]*; R. Debray, *Apprendre à penser [Aprender a pensar]*)

Entrar no questionamento:

- Como reduzir a distância, fazer convergir o olhar, entrar na singularidade do Outro, nas sutilezas de suas estratégias, evitando as ciladas da fusão emocional, da rotulação, da prescrição metodológica, até mesmo dogmática?
- Como tirar partido de todas as possibilidades oferecidas a cada um para aprender, isto é, para entrar num caminho de transformação? (cf. Módulos 3 e 4, com F. Varela)

O que significa "responsabilizar"?

Responsabilizar não é atribuir-se seus próprios atos, restabelecer o equilíbrio dos direitos e dos deveres em relação a si e aos outros, restabelecer o equilíbrio da presença para si mesmo e para os outros?

A atividade proposta consiste em explorar (em uma determinada situação de formação) as condições necessárias para: 1. sentir-se responsável (por seus atos e suas consequências; seu procedimento; seu ponto de vista pessoal) 2. tornar aquele que aprende responsável por sua aprendizagem, isto é, permitir-lhe explicar, dar as razões de seu caminhar, de seu procedimento, de seus objetivos.

B. Schwartz e aqueles que dão seu testemunho no vídeo, trazem elementos para respostas a serem construídas por cada um, sobre a importância de uma ação participante, da reflexão em comum, do diálogo, do recuo, da mediação, do compartilhar, entrar em reciprocidade, pôr-se em movimento etc (cf. B. Schwartz, *Moderniser sans exclure [Modernizar sem excluir]*; cf. também no n. 14 da Revista Autrement, *La responsabilité, condition de notre humanité [A responsabilidade, condição de nossa humanidade]*, Séries Morales, Janeiro 1994, Prefácio de Monette Vacquin).

Entrar na análise coletiva

Esta atividade pode tomar forma de um estudo de caso. O mediador ou um participante expõe uma situação observada que comporta uma disfunção, um erro, um esquecimento, um procedimento que não deu certo.

Analisar em conjunto, escutando os diferentes pontos de vista dos participantes (atores) e dos membros do grupo (observadores). Fazer um esquema dos diferentes elementos ou parceiros. Estabelecer as relações entre eles (e os fluxos). Identificar as relações que ainda não se estabeleceram.

Que saber utilizar para esclarecer a situação? Onde e quando? Como (com que meios e procedimentos)?

O que propor para fazer evoluir a situação? Para introduzir um novo ponto de vista que possa mobilizar, apoiando-se no ser vivo e respeitando o ser em devir?

"Refundamentar" a avaliação

Esta atividade pressupõe:

1. Analisar os diferentes componentes da situação de avaliação (escolhida no vídeo ou numa determinada situação). Traduzir os termos do esquema heurístico (cf. T. Buzan *Une tête bien faite e Dessine-moi l'intelligence,* ver Apêndice 3) que permite encontrar:

Quem O que

Quando Onde

AVALIAR

Por que Para...

Como

2. Estabelecer as relações existentes (orientar as setas: para o centro, se o quem, o que, o onde são impostos; para a periferia, se a escolha fica em aberto ou se há negociação, contrato, escolha). Identificar as relações a serem estabelecidas (exemplo: entre o quando e o como).

3. Interrogar-se se a avaliação ...

- vai longe
- começa suficientemente cedo
- integra os processos, os procedimentos para um objetivo
- é um fim, um meio, um trampolim
- leva em conta os ritmos da pessoa
- deixa espaço para o inesperado

e assim por diante

4. Identificar se a avaliação praticada é:

a) uma medida: interna, formativa, tendo a função de regular;

b) um controle: pontual, normativa, tendo a função de recentralizar

c) uma validação: exterior, somativa e normativa, tendo a função de julgar a conformidade a um nível ou a uma norma.

Para cada tipo de avaliação praticada, identificar:

– o momento: antes, durante a aprendizagem, no final do percurso?

– a forma: Diálogo? Questionário? Sondagem? Escrita? Oral?

– Os critérios de sucesso ou de aprovação são do conhecimento do candidato (a tempo)?

Construir a avaliação

A grade abaixo pode ser utilizada de duas maneiras: a) o questionário de 1 a 10 permite construir uma avaliação na ordem lógica, indo da finalidade à realização da avaliação, servindo portanto como uma matriz. b) o questionário de 10 a 1 permite analisar uma situação de avaliação já existente e verificar a coerência dos diferentes parâmetros que intervêm nessa avaliação.

1. Que finalidade, que tipo: medida? controle? validação? Procura-se fazer um balanço, acompanhar, facilitar? Trata-se de uma regulação? De uma busca de sentido? De uma recentralização? De uma verificação em relação a uma norma?

2. Para quem se avalia? E o que se avalia? Quem é o cliente? O formado? Quem financia? A instituição? Avalia-se um resultado? Um processo? Um procedimento? Uma aplicação? Uma competência? Uma aptidão a uma função cognitiva (observar, reconhecer, selecionar)? Um potencial de desenvolvimento? A adaptabilidade? A capacidade de inovar? A parte do imaginário? A memorização?

3. Em que nível da formação se situa a avaliação? No início do ciclo? No meio de caminho? No fim? A que mecanismos cognitivos se faz apelo: sensorial? perceptivo? afetivo? da memória? da imagem?

4. Em função do quê se reconhece que houve sucesso, erro? Com que engenharia, materiais, tipo de dados, índices, referências?

5. Que estratégias a avaliação produz no candidato? houve treinamento prévio? a memorização? a palavra? a escrita? a tomada de notas? Que percurso se pede que o candidato efetue? De que fonte de informação até que tarefa a realizar? A que grau de complexidade ele é confrontado?

6. Ao corrigir, o que decidir riscar?

- O que é aceitável? (referências, norma de controle, leis de conformidade, critérios de aceitação)
- Houve contrato?

7. Em que condições a avaliação se realiza?

- Em que contexto, em que lugar?
- Trata-se de um teste surpresa? Ou previamente anunciado, com data marcada?

– Os critérios já são conhecidos? Desde quando?

8. Em que condições de duração, com que frequência a avaliação acontece?

– Em que nível de aprendizagem: em nível de pré-requisito? Ao serem dadas as consignas? Ao contato com novas informações? No momento da passagem ao ato? Depois do ato?

9. Que forma é dada à avaliação? -Que procedimento se segue?

– Que tabela, que instrumentos se usa? (escrito? Oral?.)

– O candidato está sozinho? Em grupo?

10. Realização da avaliação

A avaliação (medida, controle, validação) acontece de determinada forma, em determinado lugar. (Para aprofundar a problemática da avaliação, cf. A. de Peretti, dir. *Recueil d'instruments et de processus d'évaluation formative [Conjunto de instrumentos e processos de avaliação formativa]*, Tomos I e II. Para um projeto teórico: J. M. Barbier, *L'évaluation en formation [A avaliação em formação]*)

Deixar-se questionar pelas ciências do ser vivo

Estar à escuta de nossa própria pluralidade e ao mesmo tempo lembrar que obedecemos a leis de estabilidade, que a vida não começa mas que ela continua: não é esta uma maneira de nos alfabetizarmos, de aprender a ler e escrever o livro da vida?

• A cooperação e a comunicação estão no coração de nossas células e da evolução: será que damos a nossos atos educativos o objetivo de liberar esse potencial inscrito no mais profundo de nosso ser?

- A auto-organização é uma característica dos sistemas vivos: levamos isso em conta nas nossas relações de ajuda ou de acompanhamento?
- Somos por essência conexão, associação, seletividade, relação ... : como desenvolvemos e reforçamos essas aptidões nas atividades de aprendizagem?
- O sentido emerge dos momentos de interação e de interface: as fórmulas prontas para pensar, para dizer, para fazer (*prêt-à-penser, prêt-à-dire, prêt-à-faire*) impedem que aquele que aprende se construa. Atenção. Temos consciência disso?
- A preparação de um ato faz parte do próprio ato: será que a metodologia educativa leva isso em conta?
- O homem é uma mistura inseparável de racional e emocional: mesma pergunta!
- Os acontecimentos mentais são individuais, específicos, biográficos: será que sabemos nos dirigir àquele que aprende como a um ser único e interdependente no interior do grupo?
- A autonomia não é sinônimo de independência, mas consiste em engajar-se num caminho de transformação e explorar o inventário de nossas possibilidades (Varela): será que estamos prontos para viver essa realidade para nós mesmos e para os outros?

Leituras para Aprofundamento

AUTHIER M. &LÉVY P. *Les arbres de connaissances (As árvores de conhecimentos).* La Découverte, 1992.

BARBIER J. M. *L'évaluation en Formation (A avaliação em Formação).* PUF, 1900.

BAUMGRATZ-GANGL G. *Compétences transculturelles et échanges éducatifs (Competências transculturais e trocas educativas).* Hachette, 1993.

BOURDIEU P. et al. *La misère du monde (A miséria do mundo).* Seuil, 1993.

CAMUS A. *L'homme révolté (O homem revoltado).* Gallimard, 1951.

CARRÉ P. *L'autoformation dans la Formation Professionnelle (A autoformação na Formação Profissional).* La Documentation Française, 1992.

DEBRAY R. *Apprendre à penser (Aprender a pensar).* EsHel, 1989.

DESROCHE H. *Entreprendre d'apprendre (Empreender o aprender).* Les Editions Ouvrières, 1990.

FAVRY J. *Formation à l'évolution des emplois (Formação para a evolução dos empregos).* Eyrolles, 1992.

FREYNET M.F. *Les médiations du travail social, contre l'exclusion, (re)construire les liens (As mediações do trabalho social, contra a exclusão, [re]construir os vínculos).* Chronique Sociale, 1995.

HÉBERT-SUFFRIN CL. & M. *Appel aux Intelligences (Apelo às Inteligências).* Ed. Matrice, 1988.

______. *Le cercle des savoirs reconnus (O círculo dos saberes reconhecidos).* Epi, 1993.

KNOWLES M. *L'apprenant adulte, vers un nouvel art de la Formation (O adulto aprendente, rumo a uma nova arte da Formação).* Editions d'Organisation, 1990.

PÉGUY CH. *De Jean Coste.* Gallimard, 1937.

REBOUL O. *Les valeurs en éducation (Os valores na educação).* PUF, 1992.

______. in La Revue Diogène n. 169, Gallimard, 1995.

REY B. *Les compétences transversales en question (O questionamento das competências transversais).* ESF, 1996.

SCHLANGER Jaques. *La situation cognitive (A situação cognitiva).* Klincksieck, 1990.

SCHLANGER Judith. *Qu'est-ce qu'on ne sait pas? (O que não se sabe)* in La Revue Diogène n.169.

SCHWARTZ B. Moderniser sans exclure *(Modernizar sem excluir).* La Découverte, 1994.

VACQUIN M. La responsabilité (A responsabilidade) in Préface, Revue Autrement, Série Morales n. 14, Janvier 1994.

Índice das Atividades de Aprofundamento da Exploração Propostas nos 7 módulos

Os números abaixo se referem ao módulo no qual se encontra a atividade.

Apêndice 1

Quatro Eixos para uma Visão Existencial do Ato de Aprender

trecho de *Apprendre Aujourd'hui [Aprender, hoje]*,
de Hélène Trocmé-Fabre

O objetivo deste livro, (*Apprendre Aujourd'hui*), é destacar a riqueza que possui – qualquer que seja a idade – aquele que compreendeu que pode ainda e sempre saber quem ele é, descobrir e redescobrir este ou aqueles que o cercam, fazer evoluir sua visão das coisas estabelecendo uma relação de equilíbrio entre quatro eixos: escutar, ler, questionar-se e dialogar. Só há aprendizado pela renovação contínua dos atos de escuta, de leitura, de questionamento e de diálogo.

A qualidade da escuta depende da qualidade do silêncio que se sabe estabelecer em si na espera de um retorno, um eco, uma ressonância. Também depende do olhar posto no mistério do Outro. E igualmente da qualidade da presença manifestada ao Outro, da capacidade de manter uma escuta nova que renasce a cada instante reconhecido único, sem volta.

A escuta é a melhor muralha contra a violência – qualquer que seja sua forma. Toda violência nega o Outro em sua diferença, sua singularidade e sua identidade. Estar "à escuta da ocasião", segundo Jankélévitch, é esperar o inesperado, é preparar-se eficazmente para romper com a lógica do finito, com o "fechamento" do linear, do sentido único, do reproduzível.

Escutar é criar um espaço de desejo, questionamento, pensamento, linguagem. É criar um tempo para o encontro, o possível, o devir (o seu e o do Outro). É também se dar o meio de habitar seu potencial e, portanto, atualizar-se.

Ler é um gesto. A leitura convoca o ser a estar presente em si e nas suas relações no mundo em que vive.

Sabem que é impossível ler um escrito ocidental sob efeito do LSD? Isso acontece porque nosso sistema alfabético latino reflete a estrutura específica de nosso pensamento e traduz a organização do tempo e do espaço como foi instituída por nossa cultura: linear e não reversível.

Que fique claro. O leitor, mesmo acreditando-se simples espectador do texto que lê, se descobre à medida que faz a leitura. Mesmo que resista, entra numa relação histórica com o texto e consigo mesmo. Toda leitura é biográfica – histórica – e inscreve-se em nossa vida. Ela é co-produzida entre o autor e o leitor.

"Ler, é ver do lado de dentro", segundo B. Poirot-Delpech. A forma como lemos traduz com muita precisão nossa atitude: passividade, desejo de construir um sentido, abertura ao questionamento ou recusa ao pensamento pronto. Perder a capacidade de se questionar sobre o sentido (das palavras, dos gestos, dos olhares) equivale a colocar a si mesmo num estado de aprisionamento. Empobrecimento e fechamento são o quinhão de quem não sabe mais (pois sabia ao nascer) se surpreender com o que está em volta: coisas, seres, lugares, objetos criados pelo homem.

É o paradoxo do verdadeiro questionamento. Como observa Heidegger, o que ele visa não é o desconhecido, mas o que está perto, o próximo, o que é habitual.

Nossa capacidade de questionamento inscreve-se no nosso mais profundo. Para a língua hebraica, o homem é, por essência, questão: o nome Adão vem de *adama* (a Terra) e contém a palavra *ma* (a questão). Suprimir a questão ou manifestar a resposta no lugar do Outro é uma forma de violência e de totalitarismo, pois é a negação do espaço matricial que permite que a estrutura e o diálogo nasçam.

Entrar no questionamento é recusar o saber absoluto, a "pré-história" da aceitação do mundo tal como ele nos foi legado e tal como ele é interpretado por outros.

Somente re-interpretando o mundo, investindo nele de forma diversa, poderemos habitá-lo de outra maneira.

Reativar, encorajar a atitude de questionamento junto a quem aprende, é abrir-lhe a via (a voz) da evolução e da autonomia. É convidá-lo a penetrar na lógica do sentido.

O questionamento, tal como acabamos de esboçar seu espírito, permite o diálogo e termina no diálogo. Questionamento e diálogo têm em comum o fato de serem um risco assumido por quem os pratica: risco decorrente de toda descoberta; risco de sair dos trilhos do "ou isso... ou aquilo..."; risco de não encontrar o Outro ou de não ler seu semblante; risco de só ver nas oposições contradições e não complementaridades. E, principalmente, risco de não ir além do próprio monólogo, na esterilidade de um paralelismo com o Outro, triste subproduto de um encontro perdido.

Exatamente porque a acolhida do Outro é "simplesmente a raiz da ética" e "o contrário da ética é a recusa do Outro, o fechamento para o que não conheço" , é que a recusa do diálogo na relação educativa, em particular, é uma falta grave à ética. Reconhecer o Outro e levar em consideração sua "diferencialidade" colocam na hora uma situação de diálogo, uma relação dialógica. Reconhecendo o Outro, eu acolho seu "poder ser diferente", que é a própria definição da ética.

Acolher o exterior, gesto fundamental de toda ética, dá aos valores internos e externos uma força harmonizadora que permitirá o diálogo, o "dizer através de", a travessia do espaço pela palavra. Explicando: o diálogo permitirá a abertura se tivermos uma relação pacífica com nosso sistema de valores e se não usarmos este último para entrar em conflito em caso de não partilha.

A ética do semblante leva a uma situação de diálogo.

E a ética, como lembra Michel Serres, seria uma das necessidades profundas de nosso Tempo.

Apêndice 2

O Método PNI

extraído de *Réfléchir mieux (Refletir melhor)*,
de E. de Bono, tradução de Lucia Pereira de Souza

Um dia pedi a 70 adultos de um nível intelectual elevado que fizessem uma redação sobre o seguinte tema: "Todo casamento expirará depois de 5 anos, podendo ser renovado pelo mesmo período". Sessenta e sete deles exprimiram sua opinião na primeira frase da redação e dedicaram o restante a defender seu ponto de vista. Em momento algum, salvo para defender uma opinião trabalhada anteriormente, o assunto foi explorado. Aliás, às vezes, este é o estilo recomendado pelas escolas para as redações.

Um dos grandes erros da conduta intelectual é usá-la para defender uma opinião já formada (primeira impressão, falta de reflexão, preconceito ou tradição). É uma das armadilhas onde a inteligência nos faz cair. Este defeito, as pessoas inteligentes o têm mais que as outras. Elas são capazes de defender seu ponto de vista com tanto talento quanto explorar o assunto lhes parece perda de tempo. Já que você sabe que tem razão, já que você pode demonstrá-lo, por que explorar o assunto?

O PNI* é uma poderosa ferramenta de reflexão. Ele é tão

* Em francês PMI, de *plus, moins* e *interessant.*

simples que é quase impossível lançar mão dele porque todos acham que já o empregam. As letras PNI foram escolhidas por formarem uma sigla fácil de pronunciar. Pode-se pedir aos outros (ou a si mesmo) para "fazer um PNI".

P = Positivo. Coloca-se "P" para os pontos positivos, os bons aspectos.

N = Negativo. Coloca-se "N" para os pontos negativos.

I = Interessante. Coloca-se "I" para os pontos dignos de interesse.

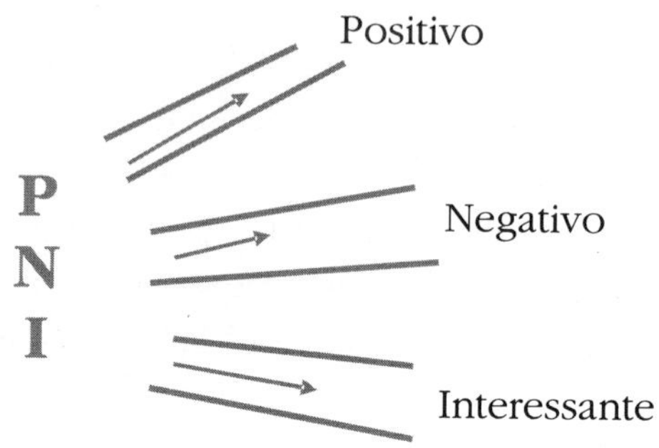

O PNI é uma ferramenta destinada a dirigir a atenção. Quando você faz um PNI, você dirige conscientemente sua atenção para os pontos positivos, em seguida negativos, depois dignos de interesse. Isso é feito de forma consciente e metódica e exige de dois a três minutos ao todo.

O PNI constitui a primeira aula do curso CoRT*. Esta aula vem em primeiro lugar, pois é importante a correta integração dos princípios do PNI antes de passar às outras aulas. O PNI coloca um contexto de objetividade, de parâmetro e de detecção, como vamos ver.

* Curso transmitido pela BBC nos anos 1980.

Edward de Bono conta:

"Pediram-me, um dia, para apresentar uma aula CoRT a um grupo de educadores de Sydney, na Austrália. Antes de começar, pedi a uma turma de trinta meninos com idades de dez a onze anos sua opinião sobre a seguinte proposta: 'receberem 5 dólares por semana para assistir às aulas'. Todos os meninos ficaram entusiasmados e começaram a me explicar o que fariam com o dinheiro (balas, gibis etc). Expliquei-lhes em seguida o que era um PNI e pedi-lhes para passar a proposta dos 5 dólares pelo crivo dos Positivo, Negativo, Interessante. Eles deveriam formar grupos de 5 e, ao final de 3 minutos, um deles deveria dar o resultado, que foi o seguinte:

- ✓ os maiores bateriam neles para lhes tomar o dinheiro
- ✓ os pais não dariam mais presentes nem mesadas
- ✓ as escolas aumentariam o preço das refeições
- ✓ seria preciso decidir quem fixaria o montante por grupo de idade
- ✓ haveria brigas e greves
- ✓ de onde viria o dinheiro?
- ✓ haveria menos dinheiro para pagar os professores
- ✓ não haveria mais dinheiro para a escola comprar um mini-ônibus

"No final do exercício nós lhes pedimos uma nova opinião sobre o projeto. Antes do exercício, 30 meninos dos 30 eram a favor da proposta e, depois, 29 dos 30 haviam revisto completamente seu ponto de vista e agora eram contra o projeto. Deve-se observar que a mudança aconteceu por intermédio de um método muito simples de referência, empregado pelos próprios jovens. Eu não havia interferido e não dissera mais nenhuma palavra sobre o assunto debatido."

Novo exercício

Imaginem que lhes pedem para fazer um PNI sobre o seguinte projeto: "todos os carros deveriam ser pintados de amarelo".

Eis o que poderiam conseguir:

P (elementos considerados positivos)

✓ seria mais fácil vê-los na estrada

✓ mais fácil vê-los à noite

✓ fim dos problemas na escolha da cor

✓ fim da espera para a cor desejada

✓ mais fácil para o fabricante

✓ as concessionárias reduziriam seus estoques

✓ fim da atitude "machista" nos proprietários de carros

✓ o carro é reduzido a um simples meio de transporte

✓ em caso de trombada, mesma cor na carroceria (não seria percebida!)

N (elementos considerados negativos)

- ✓ seria monótono
- ✓ seria difícil reconhecer seu carro
- ✓ muito difícil de achar seu carro num estacionamento
- ✓ mais fácil de roubar
- ✓ muito amarelo cansa os olhos
- ✓ mais difícil para a polícia perseguir os carros
- ✓ testemunhos de acidentes mais difíceis
- ✓ restrição à liberdade de escolha
- ✓ falência de algumas empresas de pintura

I (seria interessante ver ...)

- ✓ se apareceriam diferentes nuanças de amarelo
- ✓ se as pessoas seriam sensíveis ao fator segurança
- ✓ se as atitudes em relação ao carro mudariam
- ✓ se os acabamentos e os acessórios seriam da mesma cor
- ✓ em que medida esta decisão seria aplicável
- ✓ quem sustentaria esta proposta

O procedimento é fácil de seguir. O que não é fácil é dirigir a atenção para uma direção, depois outra, depois uma terceira, quando já se tomou partido numa questão. É a vontade de olhar numa direção que é importante. Quando o conseguimos, o que resta é lançar à inteligência o desafio de encontrar tantos elementos "positivos", elementos "negativos" e elementos "interessantes" quantos se quiser. A mudança de direção consiste, em vez de usar a inteligência para sustentar uma opinião formada, usá-la para explorar o problema proposto. No fim da exploração, podemos deixar as emoções e os sentimentos se aproximarem da decisão escolhida. Mas a afetividade só intervém depois, e não antes, e assim ela não impede a exploração.

Técnica da referência

Aqui, o método em questão é às vezes chamado de "método dos óculos". Dando a um míope os óculos apropriados, conseguimos que ele enxergue mais longe e mais nitidamente. As reações desta pessoa corresponderão assim ao que ela distingue agora com mais clareza. Ela vai aplicar o mesmo sistema de valores anterior, mas vendo mais claramente. Técnicas de reflexão como o PNI agem exatamente como óculos. Enxerga-se mais longe e mais nitidamente. Em seguida, reage-se ao que se vê. Um dia, uma menininha de 10 anos me disse que, no começo, havia achado o sistema PNI muito artificial, pois ela já sabia o que achava do assunto. Ela havia, contudo preenchido a lista dos pontos "Positivo", "Negativo" e "Interessante" e se surpreendera com o que anotara. Isto a havia levado a uma mudança radical de seu ponto de vista. É exatamente o que se pretende. Uma vez enviada e colocada sob uma da três classificações, uma idéia já não poderá ser ignorada e irá influenciar a decisão final.

Um dia, um menino observou que, no caso dos carros amarelos, ser obrigado a limpá-los com maior frequência seria um argumento "positivo". Para um outro, a idéia deveria ser classificada nos pontos negativos (era ele que lavava o carro do pai!). Os dois pontos de vista se justificavam. No PNI, não se leva em conta os valores que se fundamentam no próprio argumento. Não se trata de um juízo de valores, mas de procurar os elementos que aparecem quando olhamos numa direção, depois noutra. A diferença é capital. Uma menininha olha para o sul e vê um campanário. Uma outra, que está em outro lugar, olha para o norte e vê o mesmo campanário. O campanário está ao norte ou ao sul, os dois, evidentemente. O mesmo ocorre com o PNI. "Positivo" representa uma direção possível. Olhamos nesta direção, vemos o que vemos e anotamos. Em seguida, olhamos numa outra direção e fazemos o mesmo. O objetivo é estabelecer uma referência eficaz e não ajustar valores.

Algumas pessoas me perguntam se podemos tomar os argumentos à medida que eles aparecem e, depois de tê-los avaliado, classificá-los em caixas com as etiquetas "Positivo", "Negativo", "Interessante". Esta conduta é falsa e é contra o princípio PNI. Avaliar os argumentos como eles se apresentam, é um exercício de julgamento. Olhar numa direção e depois noutra é um exercício de referência. É até possível que a atividade química do cérebro seja diferente, dependendo se exploramos os lados positivos ou os negativos de um assunto ou de uma situação. Por si só, o PNI é quase um mini-curso, precisamente porque ele ilustra muito bem a técnica da referência.

Digno de interesse

O elemento "I" (interessante) do PNI tem inúmeras funções. Ele reúne todos os argumentos e elementos que não são nem positivos nem negativos. Notemos que um argumento pode muito bem ser percebido como positivo e negativo. Poderemos sem problema inseri-lo nas duas categorias. O “I” encoraja o hábito sistemático de explorar um assunto fora do quadro formal dos julgamentos de valor, para ver o que é interessante nesta idéia ou ver aonde ela pode levar. Uma frase completamente simples pode ajudar neste exercício: “seria interessante ver se ...”. Assim a pessoa que reflete é encorajada a expandir a idéia em vez de tratá-la de forma estática.

Um outro aspecto da rubrica “I” é ver se a idéia básica pode levar a uma outra idéia. Esta noção de “valor dinâmico” de uma idéia será tratada mais a fundo quando abordarmos “o pensamento lateral”.

Finalmente “I” nos ensina a reagir em função do interesse e não em função daquilo que sentimos em relação a uma idéia. Refletindo, uma pessoa deve poder dizer “não gosto de sua idéia mais eis seus pontos interessantes”. Sabe-se por experiência que este tipo de reação não é de forma alguma habitual!

Como utilizar o PNI

Muitas pessoas pensam que já usam o PNI. Talvez seja verdade nas situações em que não se sabe o que fazer. Mas esse não é o verdadeiro objetivo do PNI. Ele deveria, ao contrário, ser usado principalmente quando não temos nenhuma dúvida sobre a situação, quando fizemos nossa escolha imediatamente (como os alunos de Sydney diante do problema dos 5 dólares por semana). O PNI é um estado de espírito que nos obriga a examinar sistematicamente todos os aspectos de uma situação, enquanto que, normalmente, julgaríamos isso inútil.

Por exemplo, você pode pedir para fazerem um PNI

quando tiverem rejeitado sua proposta como sendo sem valor. A utilidade de um PNI é de ser menos direto que um desacordo total ou uma polêmica. Com o PNI você pede a alguém que prove ser inteligente examinando profundamente o assunto, o que não é absolutamente pedir-lhe que mude de opinião. Em geral, aliás, a pessoa não hesitará em fazer um PNI, persuadida de que isso só irá reforçar seu ponto de vista.

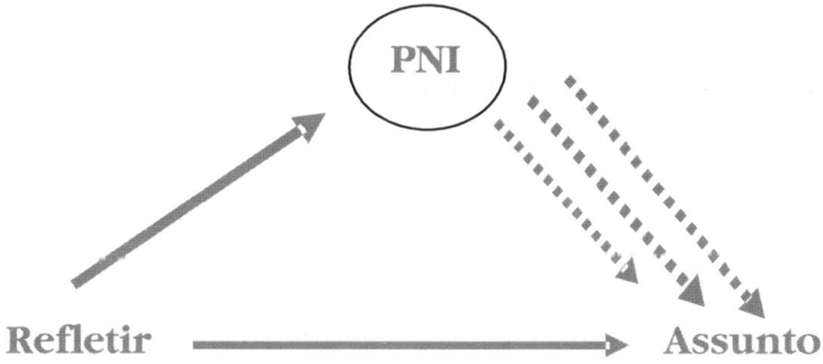

Fiz, um dia, uma experiência com um grupo de 140 altos executivos. Dividi-os em dois grupos ao acaso, levando em conta a data de nascimento (par ou ímpar).

Em seguida, submeti cada grupo a uma proposta que eles deveriam discutir, adotar ou rejeitar. Ao primeiro grupo dei a idéia de uma moeda datada: a moeda traria a data do ano e a taxa de câmbio variaria de acordo com a data. Ao segundo grupo pedi que discutissem sobre um casamento renovável a cada cinco anos. Juntamos os resultados, depois trocamos as questões. Mas, desta vez explicamos o PNI e cada um recebeu a tarefa de aplicá-lo antes de tomar a decisão. Se o PNI tivesse sido aplicado na primeira etapa, não esperaríamos nenhuma alteração. Mas houve uma alteração: antes da explicação do PNI, 44% das pessoas eram favoráveis à moeda datada. Depois do PNI, apenas 11%. Para o projeto do contrato de casamento, foi o contrário: antes do PNI 23% eram favoráveis, depois 38%.

Fazer um PNI não consiste em fazer a lista dos pontos a favor ou contra. Isso equivaleria a um juízo de valor. A introdução da rubrica "I" (digno de interesse) permite encarar as coisas sob um ângulo que não é forçosamente positivo ou negativo.

Praticar para fazer um PNI

Não é porque o PNI parece simples que deva ser subestimado. Eu o vi sendo aplicado numa reunião particularmente acalorada em que graças a ele passou-se de um debate partidário a uma real análise do assunto. Uma vez que se tenha orientado a percepção numa determinada direção, não se pode deixar de ver. E o que foi visto permanece notado.

A chave de tudo isso é a prática: pratiquem a execução dos PNI, peçam aos outros que também o façam. Isso pode ser muito rápido, mas não se contentem em considerar os lados bons e os maus.

Façam (individualmente ou em grupo) um PNI de 3 minutos sobre os seguintes assuntos:

- ✓ todos deveriam carregar um crachá indicando seu estado de humor
- ✓ todas as crianças deveriam adotar uma pessoa de idade e cuidar dela
- ✓ a prisão, durante o fim de semana, para os jovens delinquentes, é uma boa idéia?

Apêndice 3

Esquemas Heurísticos

texto de Hélène Trocmé-Fabre,
baseado na obra de Tony Buzan *Une tête bien faite*
(Uma cabeça bem feita)
tradução de Lucia Pereira de Souza

Uma palavra de história

A palavra heurística vem do grego "eureka" (achei). Eu a escolhi por causa de Arquimedes, a quem o mestre havia dado a incumbência de determinar o volume de sua coroa, muito trabalhada e coberta de pedras preciosas. Contam que Arquimedes, cansado de procurar em vão, decidiu tomar um banho e, vendo o nível da água subir à medida que entrava na banheira, compreendeu como calcular o volume de um objeto: era só avaliar a diferença de volume da água, antes e depois!

Em 1975 vi numa livraria de Cambridge (GB), um livro com um título sedutor: *Use your head.* O autor propunha uma ferramenta que me pareceu extraordinária para resolver as relações do pensamento e da linguagem. Fascinado com a coerência da ferramenta e do funcionamento de nosso cérebro, procurei o autor durante um ano inteiro. Finalmente encontrei-o e juntei-me à sua equipe na Inglaterra. Em seguida procurei um editor na França que aceitasse editar a tradução em língua francesa. A primeira edição apareceu em 1984 e peguei empresta do o título de Montaigne: *Une tête bien faite.* Desde sua primeira publicação o livro é constantemente reeditado. Neste momento a técnica dos esquemas heurísticos é amplamente adotada pelo mundo dos empresários e da formação. Às vezes ela aparece sob outros nomes: mapa mental, mapa heurístico.

Uma ferramenta revolucionária, por quê?

Às vezes ficamos desencorajados com a abundância de informações e o fervilhar de idéias ou de decisões a tomar. Isso acontece provavelmente porque temos só um meio para começar um discurso ou escrever um texto: nas línguas européias, a marca da linguagem, verbal ou em imagem, só aparece (acreditamos) na forma linear: uma lista de elementos a expor sucessivamente, elemento por elemento.

É esse justamente o problema! Nosso pensamento, antes de ser canalizado na linearidade da linguagem, não tem nada de linear! Nem nossa leitura nem nossa escuta são processos lineares. A técnica dos esquemas heurísticos é provavelmente a única que leva em conta ao mesmo tempo nossa realidade cognitiva e a especificidade da linguagem. No pensamento e na linguagem, tudo é relacionado, interconectado, interdependente, estruturado, organizado. Constantemente precisamos conduzir lado a lado visão global e percepção do detalhe, análise e síntese. Constantemente também precisamos reconhecer que as relações não se estabelecem num único sentido, mas no fluxo duplo da reciprocidade. Só a técnica do esquema heurístico permite que se respeite essa necessidade vital, existencial de nosso cérebro humano, ou seja, de nosso corpo em seu ambiente.

Como proceder para fazer um esquema heurístico?

Devemos ter sempre em mente: trata-se de estruturar nosso pensamento, preservando e consolidando os processos de leitura, compreensão, memorização, mobilização, aplicação.

Etapas e conselhos:

1. Colocar a página no sentido da largura.
2. Escrever o tema no centro da página.
3. Ligar as idéias principais (3 ou 4 no máximo) diretamente ao centro.
4. Escrever em letras maiúsculas, nas linhas, unicamente palavras-chave (leitura imediata).
5. À medida que as idéias secundárias se desenvolvem, traçar novas linhas sobre as linhas centrais, para formar uma "grade".
6. Usar tudo o que, num relance, puder ressaltar as ligações (asteriscos, pontos de interrogação, cruzes, símbolos, flechas, cores). Dar livre curso à imaginação (por exemplo: num esquema sobre a memória, o centro pode ser o desenho de um neurônio).
7. Usar 3D para deixar visível uma hierarquia, uma ordem, uma perspectiva.
8. Não hesitar em refazer um segundo esquema, se o primeiro esboço ficar sobrecarregado ou pouco legível.

Utilização dos esquemas heurísticos

– Pode-se aplicar a técnica dos esquemas heurísticos a todas as operações cognitivas que implicam em reflexão, memória, organização do pensamento, criatividade, imaginário etc, para compor uma narrativa, preparar uma entrevista, tomar uma decisão, antes de redigir um artigo, um livro, um projeto.

Quando as informações forem abundantes, recomenda-se colocar indicações no esquema que remeterão a um documento, uma lista, uma fonte bibliográfica.

– Na condução de reuniões, a progressão esquemática (como dinâmica [de grupo], sob a vista de todos) do que é dito no grupo, é uma forma muito eficaz para montar a estrutura da tomada da decisão levando em conta a contribuição de cada um. A experiência prova que quando um grupo aplica essa técnica ganha tempo, eficácia e clareza de restituição, em comparação ao grupo vizinho que utilizou uma outra técnica de condução de reunião. O ganho de tempo pode ser de meia hora numa sessão de 2 horas!

– É também possível construir um esquema heurístico para fazer anotações numa conferência, numa exposição ou lendo um livro. Mas, nesse caso, percebe-se, depressa, o quanto dependemos do autor da narrativa, da conferência ou do livro: o que é anunciado como introdução nem sempre corresponde ao que foi realizado. O esquema heurístico pode então ser também um revelador e um auxílio na análise crítica!

Apêndice 4

Breve Considerações sobre Ética, Política e Relações de Poder no Ato de Aprender
texto de Terezinha Mendonça

Se nos detivermos por alguns minutos sobre o título desta coletânea de entrevistas, *Nascemos para Aprender*, podemos perceber que ele nos abre um amplo universo de reflexões e nos conduz a uma das mais antigas inquietações que incitam a mente humana e que concerne o próprio sentido da vida: para que nascemos? A esta questão fundamental que se coloca para cada indivíduo e para a própria espécie, o conjunto deste trabalho tenta responder com singela e complexa afirmação: nascemos para aprender. Aprender como finalidade da vida, como rica possibilidade que se afirma a cada instante e não nos abandona mesmo no mais adiantado crepúsculo de nossa existência.

A resposta parece simples, não fosse o gigantesco desafio que se apresenta na compreensão e explicitação do conceito de aprendizagem. O ato de aprender, como faculdade natural e simultaneamente produto da vida social, pode e deve ser visto, ao longo do processo histórico, em seus atravessamentos políticos.

A vinculação entre o ato de aprender e as idéias transdisciplinares que inspiram os pensadores aqui elencados, encontra-se baseada não somente em suas convicções pessoais, mas também em suas reflexões e pesquisas científicas de reconhecida relevância. Apesar disto, o processo de implementação desta maneira de pensar a pedagogia avança lentamente, levantando questões que merecem nossa atenção. No contexto deste questionamento, é digno de nota e oportuno mencionar também que, entre o 1º Congresso Mundial de Transdisciplinaridade realizado em 1994, no Convento de Arrábida, Portugal, e o 2º, acontecido em 2005 em Vila Velha/Vitória, ES, Brasil, foram decorridos 11 anos.

O que há de tão difícil na digestão e assimilação deste paradigma que rejunta os campos de conhecimento para abordar um real concebido como uma rede de sistemas complexos interligados? Em que ponto de nosso espírito somos atingidos e nos colocamos em guarda frente à mudança de estatuto do conhecimento que passa a ser apresentado como verdade provisória, contrariando nossas convicções mais arraigadas? Como veicular e derivar deste contexto paradigmático uma proposta convergente e consistente para a educação?

Costumo pensar que as dificuldades na implementação de um projeto de educação que leve em conta os aspectos acima mencionados são diretamente proporcionais a nossos anseios egóicos de estabilidade e auto-afirmação. A crença na permanência e solidez do mundo como condição de vida mais confortável constitui um importante obstáculo epistemológico a este empreendimento.

Sabemos que muitas barreiras internas e externas são erigidas para deter a necessária operação psíquica de destituição narcísica que democratiza o saber, validando as crenças e conhecimentos produzidos por diferentes culturas, em diversos tempos da história da humanidade. Contudo, é forçoso reconhecer a impotência e inoperância de um único ponto de vista para promover uma aproximação mais consistente do real em sua hipercomplexidade. É necessário que nos empenhemos na tarefa de destituir a hegemonia das verdades que tendem a se eternizar, reafirmado a crença no processo de conhecimento como produção de narrativas sobre o real.

De forma coerente, Ernesto Varela substitui com vantagens o conceito de transmissão pelo de acoplamento ativo e participativo envolvendo a tríade professor-aluno-ambiente. Desmonta a idéia de conhecimento como pura aquisição de informação efetivada pela transferência comunicacional e passa a tratar a informação como emergência de sentido que se produz ativa, recursiva e retroativamente no interior da tríade. Desloca-se a idéia de áreas delimitadas de conhecimento, tão comum em nossos ambientes disciplinares, para a noção de caminhos da aprendizagem, o que sugere um processo de atravessamento viário dos territórios, característico da abordagem transdisciplinar.

Esta prática metodológica aplicada à educação tem inegável valor político, pois revela os vícios e aderências que se evidenciam nos mais variados exercícios de poder produzidos e reproduzidos nos diferentes meandros do ato de educar, seja no seio da família, no espaço da escola, nas emissões midiáticas, nas mais diversas instituições, religiosas, civis e governamentais. Desta forma, tais vícios e aderências comparecem recorrentemente em todos os espaços nos quais a informação é tratada como verdade a ser escoada em via de mão única, na polaridade assimétrica do par emissor-receptor.

Resistir à barbárie que se perpetra cotidianamente em nossos atos, engendrada nos meandros de uma microfísica do poder, identificar suas forças e suas derivações na prática de ensino é premissa ética indeclinável para aqueles que se dedicam aos cuidados relativos ao ato de aprender em todos os níveis da convivência humana. No dizer de Albert Jacquard, aprender com a cultura, para si, para o outro e com o outro e não contra o outro. Construir-se, enfim, como ser humano consciente e senciente, absorvendo o que vem do outro e selecionando dentre isto, aquilo que se escolhe para participar da constituição de um si-mesmo auto-eco-organizador.

Antes de Marx, Nietzsche já havia colocado a questão que também foi retomada por Edgar Morin: "Educar os educadores! Mas os primeiros deviam educar-se a si mesmos! E é para eles que escrevo." Assim, cada um de nós que participa, a seu modo, do processo de construção do mundo e das novas gerações é tributário da tarefa de co-formação e auto-formação. Que possamos produzir a partir deste material, tomado como ponto de partida, efeitos multiplicadores que contribuam para um maior esclarecimento de que o ato de aprender, genuinamente, só pode se dar no interior de um ambiente de confiança que torne possível, pela afetação de todos os nossos sentidos, a surpresa e o maravilhamento a cada passo do caminho.

O Instituto de Estudos da Complexidade sente-se grato pela oportunidade de contribuir para dar andamento a este projeto audacioso que nasceu da doce e firme obstinação de sua autora e idealizadora Hélène Trocmé-Fabre e do entusiástico empenho de Wanda Maranhão Costa em trazer à luz este material para o público brasileiro. Manifestamos nosso reconhecimento pelo apoio fundamental do Serviço de Cooperação e de Ação Cultural do Consulado Geral da França no Rio de Janeiro, parceiro na realização do DVD. Agradecemos também à generosidade amorosa de Pedro Estarque, que trabalhou voluntariamente na realização da arte e condensação do material videofônico em um único DVD, o que tornou economicamente mais viável o projeto.

À TRIOM Editora cabe, por fim, o mérito de dar prosseguimento à sua já conhecida trajetória de implementação dos valores transdisciplinares no cenário da educação no Brasil.

Terezinha Mendonça
Instituto de Estudos da Complexidade
Rio de Janeiro, fevereiro de 2006

Outras publicações da Editora Triom sobre Educação e Transdisciplinaridade

Árvore do Saber-Aprender, A
de Hélène Trocmé-Fabre, aborda questões vitais para a formação de formadores e nos apresenta uma história e uma modelização para a criação do conhecimento e de saberes, nos remete à busca do essencial, nos inspira uma nova atitude perante a realidade e nos oferece um arquetipo estruturante para agir na evolução do humano, na profundidade do seu Ser.
14 x 14 cm / 64 pg / ISBN 85-85464-60-7

Temporalidades na Formação
de Gaston Pineau, aborda o tema bastante polêmico da relação do Tempo em suas diversas modalidades com a formação permanente, a cronosformação, ou seja, a explosão do tempo em múltiplas temporalidades, centrada na formação como função de evolução humana que pede uma nova abordagem que leve em conta novos sincronisadores como o cotidiano, a alternância, o retorno narrativo sobre a vida.
14 x 21 cm / 240 pg / ISBN 85-85464-54-2

Caminho do Sábio, O - 12 Mestres Espirituais relatam seus caminhos em busca da verdade
de Jean Biès: sábios, mestres e iniciados, homens e mulheres, mostram os caminhos de uma espiritualidade na qual a sabedoria milenar se harmoniza com as coações atuais, para que se chegue a uma visão coerente do mundo e uma prática interior que dê sentido à vida.
14 x 21 cm / 388 pg / ISBN 85-85464-39-9

Educação e Transdisciplinaridade II
Transcrição de 6 palestras proferidas no II Encontro Catalizador do Centro de Estudos Transdisciplinares – CETRANS – realizado no Guarujá, SP, em junho de 2000, por Augustí Nicolau Coll, Basarab Nicolescu, Martin E. Rosenberg, Michel Random, Pascal Galvani e Patrick Paul.
14 x 21 cm / 216 pg / ISBN 85-85464-50-X

Educação e Transdisciplinaridade III
resultado do III Encontro Catalisador do Centro de Educação Transdisciplinar realizado em maio de 2001, são 19 artigos, de 24 membros formadores do CETRANS. Cada artigo olha a TransD de um ângulo diferente, mas os assuntos estão ligados ou pelo sentido, ou pelo imaginário, ou pela intuição, assim como pelos conceitos derivados dos três pilares da TransD.
14 x 21 cm / 536 páginas / ISBN 85-85464-64-X

Espírito da Política – Homo Politicus, O
de Raimon Panikkar, que analisa a relação entre a política e aquilo que a fundamenta e a sustenta: o sentido da vida. Metapolítico é o lugar de encontro entre a atividade política do homem e seu destino final, o ponto de interseção entre o homem e o todo; é preciso descobrir no ser humano o núcleo que o une ao político, à polis, sem que esse processo o domine.
14 x 21 cm / 226 pg / ISBN 85-85464-62-3

**Homem do Futuro,
Um Ser em Construção, O**
16 autores descrevem o Homem do Futuro, que não é o homem do terceiro milênio mas, sim, o homem de todos os tempos dentro do ciclo da criação humana, que vive entre o nascimento e a morte para tentar a celebração cósmica, aquele que se cria a cada instante seguindo o plano genético, espiritual e causal. Ele é o homem iniciático.
14 x 21 cm / 268 pg / ISBN 85-85464-44-5

Manifesto da Transdisciplinaridade, O
de Basarab Nicolescu, primeira obra sintética sobre esta nova abordagem científica, cultural, espiritual e social, que visa a compreensão do mundo presente, para a qual um dos imperativos é a unidade do conhecimento.
14 x 21 cm / 168 pg / ISBN 85-85464-22-4

Pensamento Transdisciplinar e o Real, O

de Michel Random, que entrevista Basarab Nicolescu, Michel Camus, Edgard Morin e outras personalidades, sobre o retorno a um pensamento que credita ao real a existência de diferentes níveis de realidade, um real onde a dinâmica don contraditórios cria a ordem viva.

14 x 21 cm / 248 pg / ISBN 85-85464-36-4

Religião além da Religião, A

de Steven M. Wasserstrom, a partir de diálogos entre Gershom Scholem, Mircea Eliade e Henry Corbin em Éranos, explora a maneira como eles ultrapassaram abordagens tradicionais ao estudar religião, tirando a ênfase da lei, do ritual e da história social e exaltando o papel do mito e do misticismo.

14 x 21 cm / 486 pg / ISBN 85-85464-53-4

Stéphane Lupasco – O Homem e a Obra

org. B. Niccolescu e H. Badescu: idéias fundamentais da obra, que consiste na criação de uma lógica energética que coloca o dinamismo contraditório na própria natureza e estrutura o lógico, visando a contradição irredutível e a coexistência contraditória da afirmação e da negação, semelhante ao que ocorre no mundo quântico.

14 x 21 cm / 344 pg / ISBN 85-85464-40-2

Impresso nas oficinas da
Gráfica Palas Athena

SOBRE O DVD QUE ACOMPANHA ESTE LIVRO:

A gravação das entrevistas contidas neste DVD realizou-se em 1993. Em cada uma delas, Hélène Trocmé-Fabre coloca as mesmas três perguntas ao entrevistado, ou entrevistados, sobre nossa inata capacidade humana de aprender:

1. Qual é nosso potencial humano?
2. O que fazemos deste potencial?
3. Quais são as condições ideais a se buscar e quais as ciladas a evitar, tendo em vista este potencial?

Estes são os 7 temas abordados nas 7 entrevistas de *Nascemos para Aprender*, e estão em faixas separadas neste DVD:

1. Módulo 1: Nascemos para descobrir
2. Módulo 2: Nascemos para reconhecer as leis da vida
3. Módulo 3: Nascemos para organizar
4. Módulo 4: Nascemos para criar sentido
5. Módulo 5: Nascemos para escolher
6. Módulo 6: Nascemos para inovar
7. Módulo 7: Nascemos para trocar